Tout le monde ne raffole pas des brocolis

Dans la même collection

Le livre de l'Ikigai, Bettina Lemke, janvier 2018

L'Amour qu'elle n'attendait plus, Jean-Claude Kaufmann, février 2018

La Nouvelle Chrononutrition® illustrée, Docteur Alain Delabos, mars 2018

Anatomie d'une vie de femme épanouie, le journal hormonal de mon corps, France Carp, avril 2018

Mon journal d'écriture thérapie, je deviens le héros de ma vie, Emma Scali, avril 2018

Nature Thérapie, 80 activités à pratiquer seul, en groupe ou en famille, Gilles Diederichs, mai 2018

The Happiness Factory, 1 mois de challenge pour réenchanter ma vie, Barbara Reibel, mai 2018

L'Appel, Priya Kumar, juin 2018

Au secours, mon enfant a des devoirs, Bernadette Dullin, août 2018

Prévenir et soigner l'inflammation, Docteur Catherine Lacrosnière, août 2018

L'éditeur remercie chaleureusement Manuella Guillot

Collection New Life dirigée par Valérie de Sahb
Graphisme de couverture : Laetitia Khalafat
Lecture et correction : Nathalie Reyss
Visuel de couverture : © Shutterstock

© 2018, Hugo New Life, département de Hugo Publishing
34-36, rue La Pérouse, 75116 Paris
www.hugoetcie.fr

Tous droits réservés. Nulle partie de cette publication ne peut être reproduite, enregistrée, transmise de quelque façon que ce soit ni par quelque moyen qu'il soit, sans autorisation préalable de la maison d'édition.

ISBN : 9782755640182
Dépôt légal : octobre 2018
Imprimé en Espagne par CPI Blackprint

Camille Choplin

Tout le monde ne raffole pas des brocolis

Hugo ❖ New Life

« Parfois on regarde les choses
Telles qu'elles sont
En se demandant pourquoi
Parfois, on les regarde
Telles qu'elles pourraient être
En se disant pourquoi pas »

Il y a – *Vanessa Paradis*
Paroles et musiques de Gaëtan Roussel

1

02 h 02.

D'ordinaire, Corinne aime bien les heures miroir, quand les chiffres osent enfin se regarder en face. Mais pas cette nuit. Elle s'est réveillée à 1 h 26 à cause de violents spasmes dans le ventre et, depuis, impossible de se rendormir. Et pas seulement à cause de la douleur. La nuit l'a attrapée dans son filet d'angoisses et les pensées s'agitent dans son esprit comme autant de vers grouillants dans le seau d'un pêcheur.

Et ce n'est pas la respiration profonde du jeune homme endormi à ses côtés qui la rassure. Carlo ? Lorenzo ? Elle ne sait plus son prénom. Elle se souvient juste que c'est un étudiant sicilien en échange Erasmus… et qu'il n'a pas fallu bien longtemps pour qu'il accepte de venir boire un dernier verre chez elle.

Il faut dire qu'elle n'a aucun mal à séduire, quelle que soit la nationalité de ses jeunes proies. Conquérir une femme d'une cinquantaine d'années, élégante, fine, aux yeux de chat et à l'autorité naturelle, c'est forcément très tentant pour un garçon à peine sorti de l'adolescence. Depuis quelques mois, Corinne enchaîne les relations sans lendemain. Du sexe sans amour, le plus souvent sans plaisir, mais qui comble, un peu, la solitude dans son lit *queen size* aux draps de soie.

Mais là, tout de suite, elle rêverait d'être seule. Comme à chaque insomnie, elle reprend le fil des événements. *Quand les choses ont-elles commencé à partir en vrille ?*

Elle se repasse en boucle le film de son mariage raté. Sa rencontre avec Pierre chez des amis communs, leur coup de foudre, leurs premiers rendez-vous avec des papillons dans le ventre, leurs noces romantiques dans un château de l'Entre-deux-Mers, les premières années sans nuages – ou plutôt sur un nuage, leur installation à Bordeaux dans leur magnifique maison – héritage de beaux-parents partis trop tôt, la naissance de leur fille Amandine, les années qui filent… Et puis la routine qui s'installe, le sillon qui se creuse entre leurs dos qui se font face pendant la nuit, les rancœurs jusqu'à l'écœurement… et le divorce, inévitable.

Jamais la quinquagénaire n'avait imaginé cette issue mélodramatique avec son « Pierrot le fou » comme elle aimait l'appeler tant son fiancé la surprenait. Au début de leur relation, Pierre employait tout son temps à l'éblouir. Pas un jour sans une surprise : ici un concert dans une boîte de jazz, là un week-end au bord de l'eau, un énorme bouquet de fleurs, un chaton, une demande en mariage sur un voilier au soleil couchant… Du romantisme à l'état brut comme on en voit seulement dans les comédies américaines.

Et puis tous deux étaient rentrés dans la vie active. Lui dans la banque d'affaires, elle au service communication d'une grande entreprise. Amandine était née trois ans plus tard. La vie était douce mais les surprises se sont espacées… jusqu'à devenir de lointains souvenirs. Pierre était un papa tendre mais peu présent. Son travail lui prenait beaucoup de temps et il revenait parfois à la maison avec des soucis dans l'attaché-case. Il n'arrivait pas toujours à faire la part des choses et retournait souvent au bureau le week-end. Corinne se demandait de temps à autre s'il avait des maîtresses. En tout cas, il n'en laissait rien paraître.

La jeune maman de son côté avait roulé sa bosse professionnellement parlant, en écumant plusieurs sociétés et fonctions. Elle avait peu à peu gravi les échelons en s'imposant par sa vivacité d'esprit et sa ténacité à toute épreuve. Son caractère s'était endurci au fil des années pour réussir à s'imposer dans des comités de direction où les hommes étaient majoritaires. Ses yeux lavande et sa taille de sylphide lui ont parfois causé des problèmes, les hommes en question acceptant mal qu'une femme puisse être belle et intelligente à la fois. Les clichés ont la peau dure…

Plusieurs expériences difficiles avec ses supérieurs l'ont poussée à monter sa propre société six ans plus tôt. Amandine était alors adolescente et avait moins besoin d'elle. Du moins, c'est ce qu'elle a alors pensé. Corinne s'est donc investie corps et âme dans son entreprise, négligeant son époux et leur fille. Dès lors, le couple s'est usé sur le fil de la vie. Une érosion lente et sans à-coups. Jusqu'à la cassure. Nette et sans bavure.

Tout le monde ne raffole pas des brocolis

Pierre a rapidement refait sa vie avec une jeune femme de vingt ans de moins que lui. Un grand classique. Avec elle, il a retrouvé sa fougue d'autrefois et ressorti son costume de magicien du quotidien. Il a même accepté de lui faire un enfant. À 55 ans! Une folie pour Corinne qui vit mal ce nouvel amour. Vexée comme un pou, elle s'est drapée dans un pashmina pur cachemire et le peu de dignité qui lui restait pour faire bonne figure au tribunal avec la volonté de lui faire cracher un maximum d'argent. Et elle a gagné son pari, fidèle à sa réputation de pitbull qui ne lâche rien.

Depuis trois ans que le divorce a été prononcé, sa tristesse et sa colère ne se sont pas atténuées. Mais il faut l'avouer, sa magnifique maison adoucit un peu son chagrin.

L'argent ne fait pas le bonheur, certes, mais le beurre dans les épinards les rend bien meilleurs.

Après le divorce, Pierre a déménagé à Lyon, bien loin de Bordeaux pour éviter de croiser le regard noir de son ex-femme. Ils ont vendu leur maison, trop de souvenirs, heureux et malheureux mais toujours douloureux au regard de la situation. Corinne a alors choisi de quitter le quartier bourgeois de Caudéran pour s'installer à Nansouty, dans un environnement familial avec un esprit «village». Autour d'une petite place, les échoppes, maisons typiquement bordelaises, s'alignent en rangs serrés. Des petits commerces permettent de faire les achats du quotidien tout en rencontrant ses voisins: boulangerie, fromagerie, poissonnerie, épicerie, presse, fleuriste… il ne manque rien!

Corinne a eu un coup de foudre pour sa maison. Elle voulait une échoppe, elle a finalement craqué pour une immense maison bourgeoise à deux étages avec jardin et piscine. On ne se refait pas… L'argent n'était pas un problème. Elle avait un bel apport grâce au divorce et avait trouvé le complément avec un prêt obtenu facilement auprès d'un ami banquier.

Sa maison est l'une des plus belles du quartier. On y entre par un immense portail en fer forgé. Une fois dans le jardin, on oublie totalement qu'on est en ville. Arbres fruitiers, arbustes grimpants, rosiers, parterres de fleurs… le premier coup d'œil est résolument végétal. Les précédents propriétaires, un couple de retraités passionnés d'horticulture, avaient créé un véritable havre de paix fleuri.

Puis se dresse la demeure, imposante, dans laquelle on entre après avoir gravi quelques marches de pierre. L'entrée est vaste et lumineuse grâce à l'immense baie vitrée qui fait office de porte d'entrée. Sur la gauche, une grande pièce à vivre où Corinne aime lire ou écouter de la musique en contemplant son jardin. Un piano à queue trône, souvenir de Pierre dont elle avait obtenu la garde. Bien entendu, elle n'y joue jamais. Mais elle est bien contente d'avoir privé son ex-mari de son instrument fétiche. Sur la droite de l'entrée, une cuisine parfaitement aménagée est ouverte sur une salle à manger spacieuse. Bien que la cheffe d'entreprise déteste faire la cuisine, elle aime recevoir ses amis. Elle fait alors appel à un cuisinier, ce qui épate toujours ses convives. Une véranda complète le rez-de-chaussée. Elle donne sur le jardin arrière et elle est, elle aussi, remplie de plantes vertes d'intérieur qui s'épanouissent dans cette pièce baignée de soleil une bonne partie de la journée.

Un escalier mène à l'étage depuis l'entrée. Il distribue quatre chambres, dont deux disposent d'une salle de bains. Il y a également un petit bureau ensoleillé où Corinne entrepose quelques dossiers pour son entreprise et la paperasse familiale.

L'ensemble de la maison est décoré simplement dans des tons neutres : taupe, gris souris, crème… Corinne n'a pratiquement pas touché aux aménagements des anciens propriétaires. Elle a simplement ajouté sa patte par petites touches dans le mobilier et la déco. Des objets rapportés de ses voyages, du mobilier chiné, des cadeaux de ses clients qui ont le bon goût d'avoir le même qu'elle…

Corinne se sent bien chez elle. Pour couronner le tout, un second escalier extérieur en pierre descend au jardin arrière où une piscine apporte la touche finale à cette somptueuse demeure. Un bar en bois brut et un barbecue promettent des soirées estivales mémorables.

Bien évidemment, sa fille Amandine avait immédiatement détesté la maison qu'elle avait jugée «bourgeoise, prétentieuse et puant le fric». Elle avait alors 17 ans et démarrait sa crise d'adolescence sur le tard. La séparation de ses parents n'avait pas arrangé les choses. Et la crise semble perdurer : les relations entre la mère et la fille sont toujours aussi tendues. Mais après avoir beaucoup râlé, elle a fini par s'habituer et ne crache pas sur la piscine aux beaux jours, surtout quand sa mère travaille tard et qu'elle peut inviter ses copains.

Corinne est *wedding planner*. Elle qui a raté son mariage passe son temps à organiser celui des autres. Son carnet d'adresses est épais comme la Bible, d'ailleurs elle s'amuse à jurer dessus quand elle veut prouver sa bonne foi. Elle enchaîne les rencontres avec les traiteurs, les visites de lieux insolites, les tests d'animations originales… Ses clients, souvent fortunés, veulent le meilleur pour le plus beau jour de leur vie ou celui de leurs enfants. Ultra-professionnelle jusqu'au bout de ses ongles manucurés, Corinne ne laisse jamais paraître son amertume face au bonheur des autres.

02 h 43.

Nouveau coup de poignard dans le ventre. Les spasmes ne s'atténuent pas. Elle se résout à prendre un léger somnifère pour bénéficier de quelques heures de sommeil. Elle a besoin d'être en forme pour travailler demain matin… Mais pourquoi diable se sent-elle si mal ?

2

Étouffant un bâillement, Amandine mâchouille distraitement son stylo en regardant par la fenêtre. Décidément, ce prof de gestion financière est aussi insipide que la nourriture que lui sert sa mère. Ou peut-être est-ce cette matière qui l'ennuie à mourir ? Mais qu'est-elle venue faire dans cette galère ? Chaque jour, depuis son entrée en école de commerce elle se pose la question.

En ce début du mois de mars, cela fait six mois. 180 jours.

Une éternité quand on a tout juste 20 ans et la vie qui vous souffle dans le dos.

Quand il a fallu choisir une orientation en terminale, la jeune femme a suivi les conseils de son père. « Une prépa école de commerce, c'est complet et suffisamment généraliste pour enchaîner sur autre chose ensuite. » Soit. À défaut d'une envie forte pour une formation ou un métier, elle avait accepté sans trop savoir où elle mettait les pieds.

Elle en a bavé pendant deux années. Des professeurs tyranniques, voire sadiques, des élèves hyperstressés qui se tirent dans les pattes pour obtenir les meilleurs résultats, des heures de cours à n'en plus finir, des devoirs qui s'accumulent… Amandine n'a tenu le coup que pour faire plaisir à ses parents. En plein divorce houleux, ils n'avaient pas besoin de gérer en plus les errements scolaires de leur fille unique.

Elle est comme ça, Amandine. Ne jamais faire de vagues, rester dans le rang. Toujours souriante, polie, appliquée… une vraie petite fille modèle. Elle possède la créativité de son père et le dynamisme de sa mère, ce qui lui a toujours permis de collectionner les bonnes notes et les bons copains. Après une scolarité sans écueil, l'apprentissage du piano et l'accumulation des coupes aux tournois de tennis, Amandine obtint son bac ES avec mention Bien. Elle en fut satisfaite mais n'en tira aucune gloire. Puis vinrent la prépa et le début des questionnements. À quoi bon bachoter ? Est-ce que tout cela lui servirait vraiment dans sa vie professionnelle ? Et pour exercer quel métier finalement ?

Heureusement, son parcours d'élève tristement modèle fut chamboulé par sa rencontre avec Souraya, le deuxième jour de prépa. Ne connaissant encore personne dans leur classe, elles s'assirent par hasard à côté l'une de l'autre en cours d'anglais et pouffèrent de rire en chœur au moment même où leur professeur ouvrit la bouche. Avec un accent franchouillard à couper au couteau, M. Duviel devait sans doute plaire aux vieilles Anglaises mais certainement pas aux étudiantes françaises ! Le vieil homme n'apprécia guère leur bonne humeur et les envoya aussitôt en retenue pour les « calmer ». Les deux jeunes filles en profitèrent pour se raconter leur vie en chuchotant. Le pion chargé de les surveiller, à peine plus âgé qu'elles, était trop occupé à jouer sur son smartphone pour les en empêcher. Ce fut la naissance d'une amitié évidente, de celles qu'on ne vit qu'une ou deux fois dans son existence.

Contrairement à Amandine, Souraya est issue d'une famille nombreuse. Aînée de quatre enfants, elle a rapidement secondé sa mère dans la gestion du quotidien et passé son adolescence à élever ses deux sœurs et son frère. Tout en bossant comme une folle. Elle a compris très tôt que c'est en travaillant dur qu'on peut se réserver le choix de son orientation.

Les deux amies ont trimé pendant leur première année de prépa en se serrant les coudes. Elles avaient chacune leurs matières de prédilection et s'aidaient dans les révisions et les devoirs de groupe. Elles s'étaient peu mêlées au reste de la classe, les autres élèves leur paraissant trop fades, sérieux, tristes…

Puis l'été arriva et elles partirent ensemble – évidemment – pendant deux semaines sur la côte landaise. Elles choisirent un stage de surf, dans un camp de vacances niché entre forêt de pins et dunes à perte de vue. Dans une ambiance joyeuse et détendue, elles se lièrent d'amitié rapidement avec le reste du groupe. Une majorité de garçons du même âge et quelques filles très cool, « esprit surf » oblige. Cours de surf le matin, temps libre l'après-midi et soirées festives : le cocktail idéal pour

Tout le monde ne raffole pas des brocolis

décompresser. Avec une pincée de flirt pour pimenter l'été. Leurs goûts en matière de garçons se complétaient. Souraya ne jurait que par les intellos citant Shakespeare dans le texte, Amandine préférait les beaux garçons «sans prise de tête». Pas de compétition en amour, ça aide aussi à garder une amitié intacte…

Ces vacances à l'Océan furent un moment clé de leur relation naissante. Amandine eut l'impression d'avoir enfin rencontré la sœur qui lui manquait. Souraya se délecta de partir en vacances sans personne à surveiller ni repas à préparer.

Après la seconde année de prépa – tout aussi laborieuse – et les concours d'entrée aux écoles de commerce en juin, elles travaillèrent tout le mois de juillet en colonie de vacances pour pouvoir se payer un séjour à l'étranger en août. Sac sur le dos, elles bourlinguèrent dans les petites îles des Cyclades. Elles imitèrent maintes fois l'accent de M. Duviel pour séduire de jeunes Anglo-Saxons déjà sous le charme de ces *froggies* aventurières. D'amourettes en anecdotes croustillantes comme seules les *backpackers* en vivent, ces vacances scellèrent définitivement leur amitié.

Les résultats des concours d'entrée en écoles de commerce avaient failli les séparer. Souraya, avec des notes excellentes, eut l'opportunité de partir étudier à Paris dans une école prestigieuse. Après quelques hésitations, elle choisit finalement de rester à Bordeaux, pour sa mère mais aussi pour Amandine. Elle savait son amie fragile et ne voulait pas s'éloigner de sa sœur de cœur.

– Le fonds de roulement doit être égal à… Alors Amandine, j'attends votre réponse…

La jeune fille est brutalement tirée de sa rêverie.

– Heu… Je ne sais pas Monsieur.

– Je vois. Vous viendrez me voir à la fin du cours.

Oh non, pitié, pas un sermon du nain de jardin…

Depuis le premier rang, Souraya se retourne pour envoyer un sourire entendu à son amie. Amandine lui répond par un clin d'œil. Elles savent toutes deux de quoi il retourne. Généralement, le vieux barbu aux pulls élimés donne comme « punition » un chapitre du livre *Théorie générale de l'emploi, de l'intérêt et de la monnaie* de John Maynard Keynes à résumer pour le cours suivant. Piètre sentence pour qui n'écoute pas son blabla soporifique. La moitié de la classe y a déjà eu droit. L'autre moitié est sans doute plus douée dans l'art de faire semblant d'écouter.

Amandine essaie tant bien que mal de se concentrer sur le discours lénifiant du prof. Mais son regard est rapidement happé par autre chose de bien plus excitant deux rangs plus bas dans l'amphithéâtre : le dos musclé de Jules moulé dans son t-shirt. Et sa nuque. Parfaite.

Jules est le garçon le plus attirant de la classe, du genre que toutes les filles rêvent de séduire. Mais lui ne semble pas s'en rendre compte, toujours concentré sur les cours et les devoirs à rendre. À cet instant précis, il a l'air littéralement passionné par la gestion financière. Sans doute se voit-il déjà chef d'entreprise à la tête d'une équipe sous ses ordres. Comme Papa.

Après s'être fait savonner et avoir récupéré le chapitre à résumer, Amandine retrouve Souraya dans la file d'attente de la cafétéria. Leur école de commerce très moderne leur offre le choix de déjeuner dans un self-service plutôt classique, ou de prendre un snack à emporter pour manger sur la pelouse envahie par les étudiants dès les premiers rayons de soleil.

Ce n'est pas le seul atout de l'école : salles de classe spacieuses et confortables avec vue sur le parc adjacent, bibliothèque lumineuse avec différents espaces de travail et une documentation pointue, prêt de tablettes tactiles pour lire la presse, équipements sportifs variés… Tout est pensé pour rendre le travail plus agréable… et améliorer le classement de l'école pour attirer de nouveaux élèves.

Amandine soupire :

– Qu'est-ce qu'il me saoule ce prof ! Je ne vais jamais pouvoir le supporter jusqu'à la fin de l'année…

– Mais si ! Souviens-toi, tu disais pareil de Duviel et on a réussi à se le coltiner pendant deux ans ! lui répond Souraya amusée.

– Ouais, mais lui, il est quand même gratiné ! Et puis son haleine… Tu lui as déjà parlé de près ?

– Non, mais j'imagine trop ! Parlons d'autre chose, j'ai envie de garder mon appétit moi !

Souraya croque dans son club sandwich. Très gourmande, elle passe son temps à manger, sans prendre un gramme ce qui fait enrager Amandine qui prend trois kilos rien qu'en regardant un carré de chocolat. Les deux amies s'installent dans un pouf géant sur la pelouse. Au soleil. Il fait particulièrement doux en ce début de printemps.

– Tu n'as pas envie de partir loin d'ici des fois ? lance Amandine.

Tout le monde ne raffole pas des brocolis

— Si, bien sûr. Chaque jour. Et puis je me réveille parce que j'ai un prêt étudiant et qu'il ne va pas se rembourser tout seul. Donc je m'accroche. Je finis mes études. Et je me trouve un job bien payé pour le rembourser et aider ma mère. Enfin.

— Ouais, enfin, ta mère, tu l'aides depuis que t'es née, j'te rappelle!

— Si on veut… Mais je parle financièrement. Ma mère a toujours taffé comme une dingue pour nous donner le meilleur après la mort de Papa. C'est normal que je lui rende la pareille.

— Je comprends. Moi aussi, la mienne a bossé comme une malade. Mais pour son propre plaisir. Parce que franchement elle n'en avait pas besoin financièrement parlant.

— Ah, revoilà la fameuse complainte sur ta mère indigne… Mais pourquoi tu lui en veux autant à la fin?

— Je ne sais pas… Je ne la comprends pas. Elle est trop différente de moi. On dirait qu'elle se moque de tout, tout le temps!

— Moi, je ne pense pas. Je crois plutôt qu'elle fait beaucoup pour toi mais que tu ne le vois pas.

— Mmh. Tu as peut-être raison. En attendant, elle me tape sur les nerfs et j'ai envie de me barrer… On va où cet été? Faut qu'on commence à y penser non?

— Carrément! Je me disais qu'on pourrait faire du *wwoofing* comme mon cousin Théo. Il revient tout juste de Nouvelle-Zélande où il a passé un an et demi à bourlinguer.

— Du wouquoi?

— Du *wwoofing*! Tu ne connais pas? C'est un système de travail dans des fermes bio. Tu donnes un coup de main et en échange t'es nourrie et logée. Théo a voyagé à travers tout le pays en van, il a découvert plein de métiers et surtout fait un max de rencontres.

— C'est génial ce truc!

— Carrément! Tu voyages pour pas cher en apprenant plein de choses. Il faut que je te présente Théo. Je ne l'ai pas encore revu depuis son retour, mais on va se faire un truc très vite. Il est super sympa, tu verras!

— Avec plaisir! Allez, on bouge? C'est l'heure du cours de management… Je l'aime bien cette mademoiselle Picard.

— Eh bien voilà, tu vois que tu peux être positive quand tu veux!

Souraya donne un grand coup de coude à son amie qui fait de même en éclatant de rire.

3

Charlotte regarde sa fille accroupie qui observe attentivement un escargot sortir de sa coquille. Elles se sont toutes les deux installées sur les dalles de bois de la petite cour de leur maison. Une bouffée de tendresse envahit la jeune maman. Depuis que Lila est née, elle ne compte plus les fois où elle est submergée par l'émotion. Son bébé la bouleverse littéralement. Elle découvre l'amour inconditionnel et se sent parfois totalement dépassée par ce sentiment. C'est si différent de ce qu'elle éprouve pour Alexandre, son compagnon. Lila est son tout, son oxygène, sa bouée.

Et son boulet.

Collée à elle 24 heures sur 24, elle n'a guère de répit pour souffler. Même aller aux toilettes seule est devenu mission impossible.

Parfois, elle regrette d'avoir pris ce congé parental de trois ans et quitté Paris dans la foulée. Ses collègues lui manquent, la vie de bureau aussi. Mais elle se reprend aussitôt en se traitant d'idiote. Après tout, le temps passe si vite, son bébé devient une adorable petite fille. Deux ans et demi déjà! Personne ne lui volera ces moments passés avec elle à la regarder grandir. Et puis, elle est heureuse de démarrer cette nouvelle vie à Bordeaux avec Alexandre et Lila.

Alexandre et Charlotte se sont rencontrés à un dîner chez des amis. Charlotte est immédiatement tombée sous le charme de ce beau métis né d'un père vietnamien et d'une mère bretonne. Alexandre a craqué tout aussi rapidement devant les boucles rousses de cette jeune femme au rire cristallin et à l'esprit vif.

Très vite, l'évidence les a poussés à vivre ensemble puis, dans la foulée, à vouloir un enfant. Mais la vie a ralenti quelque peu leurs ardeurs. Le bébé tant espéré mit du temps à venir. Dix-huit mois infructueux. Et puis, un jour Charlotte entendit une émission à la radio qui dénonçait la présence massive de « perturbateurs endocriniens » dans de nombreux produits de grande consommation (plastique, tampons hygiéniques, canettes…) ; des molécules suspectées – entre autres – de faire baisser la fertilité des femmes et d'appauvrir la qualité du sperme. Elle décida alors de les traquer en réduisant au maximum les produits industriels et en mangeant 100 % bio. Heureuse coïncidence : elle tomba enfin enceinte quelques semaines plus tard. Par superstition, elle garda alors ses toutes nouvelles habitudes pour une grossesse au beau fixe. Et se mit à s'informer de plus en plus sur les liens entre santé et environnement.

Lila était née à Paris où ses parents vivaient et travaillaient alors. Charlotte était secrétaire de direction dans une PME familiale. Son travail ne la passionnait guère mais elle était attachée à son entreprise et à ses collègues. Quand Lila arriva, l'envie d'habiter dans un lieu plus calme s'est rapidement se fit sentir, peu importe ses liens professionnels.

Alexandre, quant à lui, était chef de projet Web dans une agence de communication. Il créait des sites Internet pour de grosses entreprises. L'agence qui l'employait s'était forgé une solide réputation et son travail y était pour beaucoup. Quand avec Charlotte ils ont décidé de quitter Paris pour une vie plus au vert, il négocia son départ et proposa à ses ex-employeurs de continuer à travailler pour eux en free-lance. Ils lui avaient finalement proposé de le garder en télétravail, trop heureux de pouvoir maintenir cette perle rare dans leur giron.

Le jeune couple choisit Bordeaux pour son cadre de vie exceptionnel. La ville jouit depuis quelques années d'une aura qu'elle n'a pas volée. Déclarée au patrimoine mondial de l'UNESCO, elle a été revalorisée par des actes forts en urbanisme et architecture. Sa situation géographique, à une heure de la côte Atlantique et du bassin d'Arcachon, à moins de trois heures de la montagne et avec une multitude d'accès vers une campagne aux visages multiples, est également un vrai plus.

Et puis Bordeaux a aussi la réputation d'être une ville « écolo » avec une vie associative et citoyenne dynamique. Ce qui plaît à Charlotte, toujours en quête de nouveautés pour vivre mieux selon ses récentes convictions de plus en plus fortes.

Tout le monde ne raffole pas des brocolis

Leur projet mit deux années à prendre forme et ils posèrent enfin leurs cartons dans une échoppe, habitation typique de la ville. Ils sont ravis de leur location qui leur semble immense après avoir vécu pendant quatre ans dans un étroit deux-pièces parisien.

Pendant les vacances de Noël, Charlotte a fait l'aller-retour Paris-Bordeaux en laissant pour la première fois Lila seule avec Alexandre. Elle avait la ferme attention de trouver leur petit nid dans la journée et ne voulait surtout pas être séparée de sa fille trop longtemps. Elle avait beau avoir confiance en son compagnon, laisser son bébé était pour elle une véritable torture.

Mais la séparation fut bien utile. À la troisième visite, elle eut un coup de cœur pour une maison et sa propriétaire, une femme délicieuse qui ne s'encombrait pas de paperasse et marchait au coup de cœur. Le feeling était tout de suite passé entre les deux femmes qui avaient alors signé le contrat de location dans la journée.

Charlotte est ravie de ce choix. L'échoppe est rénovée avec goût : pierres bordelaises apparentes, poutres en bois brut, véranda donnant sur une petite cour végétalisée… Le séjour est charmant tout en étant simple. La propriétaire a installé un poêle à bois qui diffuse une chaleur douce. À l'étage, deux chambres sous les toits et une salle de bains complètent le tableau. La maison est confortable, chaleureuse et bien entretenue, idéale pour une jeune famille.

Le déménagement eut lieu début février, alors qu'il faisait particulièrement froid. Cela n'incitait pas beaucoup Charlotte à sortir mais elle se contraignait à une balade par jour, au moins pour faire prendre l'air à Lila qui avait besoin de courir. Elles avaient rapidement découvert l'ensemble des squares du quartier, les commerces accueillants, les lieux refuges où s'abriter en cas de pluie…

Charlotte n'a pas encore fait connaissance avec tous ses voisins. Les journées sont parfois longues en cette fin d'hiver. Il faut beaucoup d'imagination pour se renouveler dans les activités et cela lui pompe beaucoup d'énergie. Sa fatigue est d'ailleurs parfois source de tensions dans son couple. Alexandre ne comprend pas pourquoi sa femme est si lasse alors qu'elle ne travaille pas. Il ne réalise pas les efforts à fournir pour garder une maison propre et la vigilance nécessaire pour surveiller une jeune enfant qui veut tout toucher tout le temps.

Mais, surtout, Alexandre ne comprend toujours pas l'engouement récent de sa femme pour l'écologie. Elle a tellement changé depuis leur rencontre. Après qu'ils ont eu tant de mal à avoir leur bébé, elle est devenue intraitable voire tyrannique : « Arrête de manger ces cochonneries, c'est bourré d'additifs ! » « N'achète pas cette marque, ce sont des menteurs ! » « Jette ce déodorant, c'est le cancer assuré avec tout l'aluminium qu'il contient ! »

Charlotte est bien consciente de passer parfois pour une extrémiste aux yeux de son compagnon. Mais c'est plus fort qu'elle. L'écologie est devenue son credo. Elle ne peut plus faire comme si de rien n'était. Elle a tiré sur le bout de la pelote de laine qui n'en finit plus de se dérouler, chaque questionnement en amenant un autre... au détriment d'une harmonie parfaite dans son couple.

Une vibration tire Charlotte de sa rêverie. Elle sort son portable de sa poche.

– Allô, ma chérie, c'est Maman !

– Salut Maman, ça va ?

– Ça va... Et toi ma puce ? Et comment va ma Lila ?

– Tout le monde va bien. On est dehors, il fait doux. Ça nous change de Paris d'avoir une petite cour !

– Oh oui, j'imagine bien. Et ma petite fille, elle commence à être propre ?

– Ne commence pas avec ce sujet, Maman, tu sais que ça m'énerve ! Je te dirai quand elle sera propre, on n'est pas pressé à la minute si ?

– Tu lui mets toujours ces horreurs de couches lavables ?

– Bien sûr !

– Quand je pense qu'à mon époque on s'émancipait tout juste de ce calvaire et toi tu replonges direct dedans avec tes lubies écolos...

– Et voilà c'est reparti... Alors 1. Ce n'est pas une lubie écolo, c'est un vrai enjeu environnemental et sanitaire. Et 2. Les couches lavables ont bien changé depuis trente ans. Je t'assure que ce n'est pas très compliqué... et 3. Je fais de sacrées économies, ce qui ne gâche rien. Bon, changeons de sujet. Ça va toi ?

– Couci-couça... Ton père me fait des misères, il ne veut plus jamais sortir, il dit qu'il est trop bien à la maison...

– Tu n'as qu'à sortir sans lui !

– Oh, tu sais bien que je n'aime pas trop ça. Et puis, ce n'est pas à mon âge que je vais changer.

Bien sûr que si on peut changer. À n'importe quel âge. Qu'est-ce qu'elle peut me fatiguer ! Heureusement qu'elle n'est pas tous les jours chez moi pour me faire la leçon.

4

Comme tous les matins, Corinne boit un expresso bien serré au PMU situé en face de ses bureaux. Pour rien au monde, elle ne manquerait ce rituel : l'odeur du café fumant, les habitués qui se charrient, le bruit des machines, les éclats de voix du patron. Elle se met en terrasse, quelle que soit la météo, avec un exemplaire de *Sud-Ouest* et tourne les pages en parcourant les infos sur la vie locale. L'actualité internationale ne la passionne guère… Elle préfère plutôt connaître les entreprises qui ont la cote ou les nouvelles recrues chez les Girondins ou à l'UBB. Autant de clients potentiels pour la Big Wedding Factory, sa petite entreprise d'organisation de mariages et d'événements familiaux.

Elle a créé sa société six ans plus tôt, après une ultime expérience difficile en tant que salariée. Ras-le-bol des patrons méprisants ou des collaborateurs successifs qui, visiblement, n'apprécient guère qu'une femme puisse être aussi brillante que ravissante. Le sexisme a encore de beaux jours devant lui… En claquant la porte, elle s'est sentie à la fois soulagée et inquiète. Soulagée de ne plus revenir travailler dans cette ambiance pesante. Inquiète quant à son avenir… Qu'allait-elle bien pouvoir faire maintenant ?

C'est en regardant une émission sur le quotidien d'un *wedding planner* qu'elle avait eu la révélation. Quel métier original ! Jamais elle n'aurait pensé qu'on puisse engager quelqu'un pour organiser son mariage. Et pourtant, cela tombe sous le sens. Un mariage est un événement, et pour les personnes n'ayant pas l'habitude d'organiser des fêtes, cela peut devenir très angoissant. Elle aime d'ailleurs répéter à ses clients que le mariage est la troisième source de stress après le déménagement… et le divorce!

Après deux années difficiles où il avait fallu tout inventer, la Big Wedding Factory a trouvé son rythme de croisière. Les clients, ravis, ont fait fonctionner le bouche-à-oreille. L'activité s'est diversifiée avec d'autres événements autour du mariage comme les enterrements de vie de jeune fille/garçon, les anniversaires de mariage et même les *baby shower parties* pour fêter l'arrivée imminente d'un bébé. Souvent d'anciens clients qui ont envie de prolonger le rêve de leur union.

Ce matin, Corinne tire sur sa cigarette un peu plus vite que d'habitude. Elle commande un deuxième café en hélant le patron:
– Bien serré, hein, Michel!

Elle s'est réveillée de mauvaise humeur et elle ne sait pas pourquoi. Et ça l'énerve. Encore plus.

Les jours comme aujourd'hui sont de plus en plus fréquents ces derniers temps. Elle a l'impression que rien ne se déroule comme elle le souhaite. Ce matin, elle a mis plus d'une demi-heure à trouver une place pour sa Mini. Bordeaux est devenue ingarable, ça la rend folle.

Quelques brèves dans le journal lui arrachent un faible sourire. Elle note dans son indispensable carnet de reprendre contact avec la jeune esthéticienne de Beauty Bike qui se déplace dans la ville en triporteur avec sa table de massage et tout son matériel. C'est tellement rafraîchissant! Cela peut être une animation originale pour l'enterrement de vie de jeune fille du mariage Berthier, le gros dossier sur lequel elle travaille actuellement.

La famille Berthier est célèbre dans le vignoble bordelais. Elle fait partie des rares domaines viticoles à produire des «grands crus». Les futurs mariés, la fille Berthier et son fiancé, issu de la bourgeoisie locale, ont choisi la Big Wedding Factory après avoir participé au mariage d'un couple d'amis orchestré par Corinne et particulièrement réussi. Ils ne veulent rien laisser au hasard et réclament une fête traditionnelle et originale à la fois. La jeune fille a également choisi la BWF pour aider ses témoins à préparer son enterrement de vie de jeune fille. Corinne a donc la pression. Il faut plaire à la future mariée pour réussir l'«EVJF» et soigner les détails pour le jour du mariage. Ce ne sont pas seulement des plans B qu'elle imagine mais aussi des plans C, D et E…

Tout le monde ne raffole pas des brocolis

Corinne quitte le café pour aller travailler. Ses escarpins claquent sur les pavés bordelais, plusieurs personnes se retournent sur son passage. Elle ne semble pas les remarquer.

La cheffe d'entreprise a choisi d'installer ses bureaux dans un appartement ancien du centre de Bordeaux. Moulures, parquets, lustre, grandes fenêtres avec vue sur le jardin public : tout y est ! L'appartement n'est pas immense mais très confortable. Corinne a son propre bureau dans une chambre, ses employés se partagent le séjour. Une cuisine accueillante complète le tout. Elle permet de proposer un coin de pause ou de déjeuner pour ceux qui souhaitent éviter de laisser l'intégralité de leur salaire aux restaurants chics du quartier.

La quinqua arrive à la Big Wedding Factory à 8 h 30. Maxime est déjà là et lui a sorti les fiches de renseignements complétées pour les rendez-vous du jour : deux couples de futurs mariés, un coiffeur et une baby-sitter. Très méticuleux, le jeune homme aime quand tout est bien en place sur le bureau de sa patronne. C'est limite s'il n'aimerait pas y faire le ménage lui-même !

Maxime est entré dans l'entreprise comme stagiaire un an auparavant. Il finissait alors un master de communication événementielle et hésitait entre les manifestations sportives et les événements pour particuliers. Il répondit à une petite annonce et, malgré son air hautain et sec, tomba sous le charme de sa future responsable à l'entretien. Il apprécie les femmes fortes et créatives : il est servi. La cheffe d'entreprise, quant à elle, est ravie de sa jeune recrue. Elle aime sa vivacité d'esprit, sa curiosité mais surtout son charme latin et son corps parfait, modelé par le sport. Elle ne manque pas une occasion de lui faire des compliments sur son physique, ce qui le met souvent mal à l'aise, même s'il a fini par s'y habituer avec le temps.

La société a peu d'employés permanents. Maxime est le bras droit de Corinne. Salomé, brunette d'une vingtaine d'années, gère l'administratif, et André, « l'homme à tout faire » est capable de monter un barnum ou réparer au pied levé une sono défaillante. Si Salomé a des horaires de bureau « classiques », Maxime et André sont de tous les événements pour être sûrs qu'aucun grain de sable ne viendra enrayer une mécanique fort bien huilée. Cette organisation fonctionne à merveille. Enfin d'habitude…

En s'asseyant à son bureau, Corinne hèle son assistant :

– Maxime, tu as rappelé le loueur de tente pour le mariage Berthier ?

– Oui, Corinne, tout est OK !

– Ils n'ont pas tiqué sur l'installation gratuite de la deuxième tente ?

– Quelle deuxième tente ?

– Mais enfin, tu sais bien, la petite tente qu'on doit mettre à l'arrière du château pour que les mariés puissent accueillir les invités. On en a parlé lundi dernier en réunion.

– Heu… désolé Corinne, mais ça ne me dit rien du tout…

– Ça commence bien… Et le générateur supplémentaire pour le traiteur, c'est OK ?

– … Ça ne me dit rien non plus… J'avais simplement noté de les appeler pour valider le nombre de tables et de chaises et l'installation de l'estrade sous le vieux chêne pour…

Corinne le coupe. Elle semble hors d'elle et s'emporte :

– C'est insupportable ça ! Je m'enquiquine à faire des briefings hyper complets et toi tu oses me dire que ça ne te dit rien !

– Je te promets qu'on n'en a pas parlé. Mais je les rappelle tout de suite si tu veux.

– Non, je ne veux pas. Je vais le faire moi-même puisque, visiblement, c'est à moi de tout faire dans cette boîte !

Corinne a hurlé sa dernière phrase. Elle se lève pour aller claquer la porte.

– J'ai besoin d'une coupe de champagne et d'une clope, se dit-elle à haute voix en retournant à son bureau.

Elle inspire un bon coup et, pour éviter de commencer à boire de l'alcool avant 9 heures du matin, appelle son amie Béatrice, toujours de bon conseil et disponible pour l'aider. Elles conviennent d'un déjeuner le jour même.

Quelques heures plus tard, les deux amies se retrouvent au café des Délices, l'un de leurs restaurants fétiches. Elles commandent un tajine, la spécialité de la maison.

– Ma chérie, tu as une mine épouvantable ! s'exclame Béatrice.

– Merci ma vieille ! On peut dire que tu sais remonter le moral de tes copines toi…

– Mais qu'est-ce qu'il t'arrive ? Tu m'as l'air aussi fatiguée que sur les nerfs !

Corinne déballe tout à son amie. Les insomnies, les coups de poignard dans le ventre, les difficultés avec Amandine, le stress au boulot et la mauvaise humeur qui gagne chaque jour un peu plus de terrain.

Tout le monde ne raffole pas des brocolis

Pendant qu'elle parle, elle grignote frénétiquement des cacahuètes en avalant de grandes lampées de son demi de bière. Béatrice écoute sans dire un mot son amie vider son sac. Quand celui-ci est aussi vide que son verre, Béatrice intervient enfin :

– Et que fais-tu pour prendre soin de toi ?

– Eh bien… je fais la fête, je couche avec des beaux mecs, je me fais masser quand j'ai le temps, et euh… c'est tout, je pense.

– Il est là le problème, ma belle. Tu ne t'occupes pas de toi. Ni de ton corps ni de ton esprit. Et pourtant tu en as bien besoin !

– Mais je n'ai pas le temps de me chouchouter !

– Ttttt… Ce n'est pas une question de temps, mais de volonté ! Regarde-toi. Tu fumes, tu bois, tu manges n'importe comment, tu vis dans un stress permanent… Pas étonnant que tu aies mal partout. Ton corps appelle à l'aide et tu ne l'entends pas !

– Mon corps appelle à l'aide… elle est bonne celle-là !

– Tu sais, le corps a des façons bien à lui de nous faire prendre conscience de nos erreurs. Je l'ai compris récemment. Il y a quelques mois j'avais des problèmes de ballonnements. Mon ventre était gonflé en permanence, c'était très désagréable. Je suis allée voir une naturopathe, elle m'a fait comprendre plein de choses.

– Une naturopathe ? C'est quoi ça ? Une femme qui te fait bouffer des fleurs et des brins d'herbe ?

– Arrête un peu d'être sarcastique, Corinne, j'essaie de t'aider ! Une naturopathe dresse avec toi le bilan de ton hygiène de vie, puis elle te donne un programme personnalisé pour te sentir mieux dans ton corps. J'y suis allée il y a trois mois et je me sens déjà bien mieux !

– C'est vrai que tu es radieuse, ma Béa. Tu fais plus envie que moi en ce moment.

Béatrice griffonne quelques mots sur la serviette en papier du restaurant.

– Tiens, voici ses coordonnées. Appelle-la de ma part, elle te fera bon accueil.

– Oui, on verra… Mais je ne suis vraiment pas convaincue par ton truc de nature-machin…

5

Jules est définitivement canon.

Le flot de pensées d'Amandine l'empêche de se concentrer sur ses paroles depuis qu'ils sont au coffee shop. Elle ne rate pas un seul détail de son visage : sa mâchoire carrée, ses longs cils épais, ses yeux noisette… Elle imagine la chaleur de ses mains sur son corps, la douceur de ses lèvres dans son cou. Elle en frissonne.

– Hé tu m'écoutes ?

– Hein ?

– Je te parle de mon avenir là, t'es partie où ?

– Excuse-moi, je pensais à autre chose, se reprend Amandine en essayant de se contrôler pour ne pas devenir rouge pivoine. Sans succès bien évidemment.

Fort heureusement, c'est le moment que choisit Souraya pour entrer dans le café. Les deux jeunes femmes avaient prévu cette irruption pour sauver Amandine au cas où la conversation deviendrait trop poussive.

– Ah ! Salut, Souraya, tu vas bien ?

Jules semble un peu étonné de la voir mais nullement perturbé. Il est sans doute trop occupé à parler de son futur emploi dans l'entreprise de son père pour voir combien Amandine en pince pour lui.

– Ça va super, et toi ?

– Très bien. Je raconte à Amandine-qui-n'écoute-rien le job que me réserve mon père dès la fin de mes études. Une création de poste, un mix entre innovation, marketing et commercial. J'ai trop hâte ! Mais d'abord, il faut que je finisse l'école et que je trouve de bons stages.

— Encore quatre ans quoi ! Tu crois vraiment que ton père va attendre tout ce temps et te réserver cette super idée ?

— Bien sûr ! C'est mon père quand même !

— Ouaip… Est-ce qu'Amandine t'a dit comment elle voit les choses de son côté ?

— Heu non, pas vraiment… Tu veux faire quoi Amandine après l'école ?

Amandine lance un regard noir à sa meilleure amie. Qui répond par un clin d'œil appuyé et se dirige vers le bar pour passer commande. Le coffee shop vient d'ouvrir et il est déjà très prisé par les Bordelais. Pierres blondes, nombreuses plantes grasses, lumière naturelle et surtout une atmosphère cool qui rappelle Londres ou Berlin. On peut y déguster des cafés «grands crus» filtrés de différentes façons, mais aussi de délicieuses pâtisseries et petits plats faits maison. Les étudiants aiment venir pour l'ambiance, les *happy hours* avec le café à 1 euro mais aussi le wi-fi gratuit.

Amandine se lance.

— Je m'ennuie en cours. Alors je pense souvent à tout arrêter et à faire autre chose.

— Mais non surtout pas ! Ce serait une grave erreur d'arrêter maintenant. Il faut que tu tiennes le coup jusqu'au bout.

— À quoi bon ? Pour finir comme mon père ? Avoir une petite vie bien rangée, gagner plein de thunes mais faire un boulot qui n'a aucun sens ? Très peu pour moi !

Jules la regarde, l'air horrifié.

— Je ne pensais pas que tu avais cette vision de l'école de commerce. Pour moi c'est tout le contraire. On nous donne des méthodes, des clés pour réfléchir, entreprendre, choisir notre propre chemin…

— Choisir un chemin qui a déjà été tracé mille fois par d'autres… J'ai envie de faire quelque chose qui a du sens, être utile aux autres, pas seulement viser ma petite réussite personnelle.

Jules se fige. Il a sans doute pris cette dernière remarque directement pour lui. Amandine se dit qu'elle y est allée un peu fort. Elle se reprend vivement :

— Attends, je ne dis pas ça pour toi hein ! Toi, c'est super cette volonté que tu as d'épauler ton père dans son entreprise. C'est génial de suivre ses traces.

Merde, je m'enfonce là…

Tout le monde ne raffole pas des brocolis

Souraya revint avec son café fumant et une tranche de *banana bread* recouverte d'une montagne de chantilly. Jules lève vers elle un regard absent.

– Bah quoi, j'ai faim moi ! se justifie-t-elle.

– Bon les filles, je vous laisse, je dois rejoindre Matt et Bianca pour le dossier d'anglais des affaires. On se voit demain ?

– Bien sûr, à demain Jules.

Amandine est mortifiée. Elle voit bien qu'elle a vexé le jeune homme, ce qui n'était pas vraiment son objectif quand elle lui a proposé de boire un café… *Quelle gourdasse !*

– Ne t'en fais pas, va, de toute façon il est pas pour toi celui-là… Tu t'ennuierais au bout de deux jours. Vous êtes bien trop différents.

– Je sais… Mais il est si craquant ! T'as vu ses fossettes ?

– Évidemment. Mais je ne suis pas du genre à tomber amoureuse d'une gravure de mode, tu le sais bien ! Tiens à propos de beau gosse, j'ai dit à mon cousin Théo de nous rejoindre. Tu te souviens, je t'en ai parlé l'autre jour, celui qui revient de Nouvelle-Zélande.

– Tu ne l'as pas revu encore ?

– Non, c'est la première fois, il est rentré en France il y a huit jours seulement.

Souraya croque allègrement dans son gâteau. Un délice. Pour ne pas être tentée de le goûter à son tour, Amandine se lève pour commander un autre café. Elle tire aussitôt sur son t-shirt pour cacher ses fesses, toujours un peu complexée par ses rondeurs. Au comptoir, la jeune barista lui raconte l'histoire de ce cru colombien comme un œnologue parlerait d'un grand vin. Le goût d'Amandine pour le café étant récent, elle est ravie d'en découvrir chaque jour davantage.

Quand elle revient vers la table, Souraya est en grande conversation avec un grand brun aux cheveux bouclés. Amandine s'arrête pour l'observer de loin. Il rit de bon cœur, son sourire extralarge révélant une dentition parfaite. Le cœur d'Amandine se met à battre plus fort. Ce dernier est définitivement un modèle « artichaut ». Elle tente de respirer profondément pour reprendre le contrôle.

Souraya se tourne vers son amie.

– Amandine, ne reste pas plantée là. Viens que je te présente Théo.

Le demi-dieu se lève, tout sourire, et se penche vers elle pour lui claquer deux bises bien sonores sur les joues.

Et en plus il sent délicieusement bon. *Je suis foutue…*

– Bonjour, Amandine, comment vas-tu ?

– Très bien, merci… et… et toi ? Bien rentré ?

– Oui, ça va. Pas évident de revenir chez les parents quand on a vécu seul à l'autre bout du monde pendant un an et demi, mais bon… Je sais que c'est temporaire. C'est la vie que je me suis choisie après tout !

Théo raconte aux jeunes femmes son aventure. La rupture sentimentale difficile qui lui a donné envie de tout plaquer. La découverte du *wwoofing*, ce système qui permet de travailler dans des fermes «familiales» en échange du gîte et du couvert. Son itinéraire à bord d'un van pour sillonner la Nouvelle-Zélande, en solo ou parfois accompagné d'autres wwoofeurs. Sa reconnexion à la nature, lui qui a toujours vécu en ville, et qui désormais a besoin de prendre régulièrement des «bains de forêt» pour se sentir bien dans son corps et dans sa tête.

Il a des anecdotes en pagaille mais, surtout, il les raconte avec humour et beaucoup d'esprit. Amandine ne se lasse pas de l'écouter et lui pose mille questions. Elle admire son courage et sa détermination. Son engagement aussi car, pour Théo, proposer son énergie à des fermes bio est une forme de militantisme pour aider le développement d'une agriculture plus saine et plus durable. De retour à Bordeaux, le jeune homme souhaite s'engager dans plusieurs associations et collectifs pour partager son expérience.

– Je vous emmènerai aussi faire un bain de forêt un de ces jours !

– Un bain de forêt ? C'est quoi ce truc ? demande Souraya goguenarde.

– C'est tout simplement une grande balade en forêt. Les Japonais le pratiquent depuis longtemps sous le nom de *Shinrin Yoku*. Et depuis quelques années, les études scientifiques se multiplient et prouvent à quel point nous avons besoin de la forêt pour nous régénérer. Quand on prend un bain de forêt, la tension artérielle baisse, l'immunité augmente… C'est bon pour tout l'organisme. En plus, on passe un bon moment !

Le temps file et ce sont les coups de balai du serveur qui stoppent la discussion des trois amis. Sur le pas de la porte du café, Amandine dit au revoir aux deux cousins qui sont attendus pour dîner chez Souraya.

– Ravi d'avoir fait ta connaissance Amandine. On se revoit bientôt j'espère ? Dans la forêt ou en ville…

– Oui bien sûr ! répond Amandine, plus troublée que jamais. À bientôt, Théo, à demain ma Sousou.

Tout le monde ne raffole pas des brocolis

– À demain ma belette.

Amandine a promis à sa mère de rentrer pour dîner. Après tout, elles se voient si peu, il faut bien qu'elle fasse quelques efforts.

En arrivant à la maison, elle aperçoit un plat de lasagnes industrielles dans le four 4-étoiles.

– Encore des lasagnes congelées ? On ne pourrait pas manger des produits frais pour changer ?

– Bonsoir ma fille, ravie de te voir également. Écoute, si ça ne te convient pas, tu peux gérer les courses et la cuisine, je serais ravie de te laisser tout faire à ma place.

– Je croyais qu'il fallait que je me concentre sur mes études ?

– C'est évident. Vu le prix qu'on paie cette école, la moindre des choses est que tu t'y investisses à fond, tu ne crois pas ?

– Eh bien justement, j'en ai ras le bol de cette école. On t'apprend à rester dans le moule, à comment faire un max de profit au détriment de toute logique sociale et environnementale. Je ne veux pas participer à un système qui veut toujours produire plus en détruisant la planète.

– Qu'est-ce que tu es en train de me dire Amandine ? Tu veux arrêter l'école, c'est ça ?

– J'y pense parfois, oui. Je ne me reconnais pas dans ce modèle. Je ne suis pas heureuse maman…

– Il aurait peut-être fallu y réfléchir avant ! Tu es vraiment une enfant gâtée qui n'a aucune conscience des sacrifices que font tes parents !

– Mais de quels sacrifices tu parles ? Vous êtes pétés de thunes papa et toi, ce ne sont pas les frais de scolarité qui vont vous mettre sur la paille ! Oh et puis tu me saoules, je rentre tôt pour te faire plaisir et toi tu me cries dessus direct. J'aurais dû aller chez Souraya, on aurait papoté tranquillement avec sa mère. Elle ne juge jamais, elle, au moins.

Amandine éclate en sanglots et monte dans sa chambre. La sonnerie du four tire Corinne de sa stupeur. Les lasagnes sont prêtes. Mais son appétit est aux abonnés absents.

6

Six coups sonnent à la cloche de l'église Sainte-Geneviève. 18 heures déjà!

– Lila, il est l'heure de partir à l'AMAP, ma puce. Tu mets tes chaussures et ton manteau?

– Ui m'ama!

Quand elle a choisi de manger bio pour tenter d'éradiquer au maximum les pesticides de son alimentation, Charlotte a testé plusieurs systèmes pour faire ses courses: les magasins bio, la vente directe à la ferme, le marché hebdomadaire du quartier, la livraison de paniers à domicile, la Ruche qui dit oui… Chaque système ayant ses avantages et ses inconvénients, Charlotte mixait ses sources d'approvisionnement à Paris.

En arrivant à Bordeaux quelques semaines plus tôt, elle s'est décidée à s'investir dans une association pour le maintien d'une agriculture paysanne (AMAP), un regroupement de voisins qui s'unissent pour acheter en direct à des petits producteurs. Des produits d'excellente qualité à prix réduit en limitant les marges et, surtout, un vrai soutien au difficile métier d'agriculteur. Comme il y avait une AMAP en cours de création dans son nouveau quartier, elle a bondi sur l'occasion pour s'y inscrire.

La distribution des paniers est rapidement devenue le rituel du jeudi soir. Chaque semaine, la mère et la fille retrouvent leurs voisins et des producteurs de la région dans le petit square du quartier. Les commandes étant régulières et planifiées, ce système de vente directe permet aux agriculteurs de toucher un revenu fixe et décent, ce qui est loin d'être le cas dans la grande distribution.

Charlotte aime particulièrement ce moment du jeudi, autant pour bavarder avec ses voisins que pour échanger avec les producteurs. Ces derniers, passionnés par leur métier, ne sont pas avares de conseils. C'est qu'il en faut des idées pour cuisiner les légumes de saison! Voilà l'un des inconvénients du système: à ne manger que des fruits et légumes locaux, on tourne parfois un peu en rond. Au bout de cinq paniers avec du brocoli, Charlotte a dû trouver des idées de recettes plus originales pour ne pas lasser sa petite famille. Mais la satisfaction que la trentenaire en tire est plus grande que sa frustration. Elle a le sentiment de «faire sa part» pour une agriculture plus juste et solidaire. Sa famille mange de bons produits bio à moindre coût et, en soutenant cette agriculture paysanne, elle réduit l'usage de pesticides qui font tant de mal à tous.

— Princesse Lila, comment tu vas?

Lila s'est précipitée vers le stand de Rémi. Elle sait que le jeune maraîcher lui donne toujours un petit cadeau: chou de Bruxelles, navet doré, topinambour, betterave… Elle se pavane alors fièrement avec son trophée dans le petit jardin où a lieu la distribution des paniers.

Charlotte s'approche du stand pour récupérer son panier.

— Bonsoir Rémi! Tu vas bien?

La maman est toujours un peu gênée face au jeune homme. Quelque chose dans sa façon d'être, si simple et généreuse, l'intimide à chaque fois. Elle admire son courage et sa ténacité, lui qui est devenu paysan sur le tard après une courte carrière dans les assurances. Il a un jour réalisé que son bonheur passerait par la possibilité d'être dehors et de faire un métier plus proche de la nature. Un concours de circonstances l'a amené à racheter une ferme dans l'Entre-deux-Mers. Devenir un «néopaysan» a été un parcours du combattant, entre la bureaucratie qui alourdit toutes les démarches, la jalousie des agriculteurs alentour qui n'aiment pas voir s'installer ces néoruraux, la météo capricieuse… Mais depuis qu'il est bien installé, il aime à répéter qu'il est le plus heureux des hommes! Il ne lui manque que l'amour et les Amapiens le charrient parfois en lui proposant de participer à l'émission «L'amour est dans le pré».

— Salut Charlotte, ça va super merci! Le printemps arrive, on le sent déjà à la ferme. Vous viendrez la visiter d'ailleurs le jour de la cueillette collective?

Tout le monde ne raffole pas des brocolis

– C'est quand déjà?

– Le premier samedi de juin, dans deux mois tout pile!

– Il faut que j'en parle à Alexandre… Il est un peu sauvage, il n'aime pas trop quand il y a du monde… Je vais devoir batailler pour qu'on vienne!

– Vous n'avez qu'à venir toutes les deux avec Lila… ou tu peux même venir toute seule!

À ces mots, Charlotte sent ses joues rosir d'un seul coup. La perspective d'une virée en solo chez Rémi n'est pas pour lui déplaire. Mais Alexandre acceptera-t-il de la laisser partir seule une journée entière?

– Je te dis ça très vite!

– OK! À la semaine prochaine!

Cette semaine a également lieu la distribution de poisson. Dominique vient d'Arcachon une fois par mois seulement. Elle propose du poisson local, pêché de façon artisanale à moins de 100 km des côtes. La pêche raisonnable respecte une saisonnalité tout comme les fruits et légumes. En ce début du mois d'avril, dorade royale, bar de ligne et bien sûr huîtres font le bonheur des Amapiens. Après avoir glané quelques secrets pour la cuisson du bar au four, Charlotte repart avec son caddie bien rempli.

La jeune femme croise son voisin Stéphane, quadragénaire bonhomme et toujours souriant, adhérent d'une autre AMAP depuis des années et sans cesse à l'affût des bons plans.

– Ah la belle Charlotte! Quoi de neuf?

– Rien de spécial, la routine… Et toi, ça va?

– Au top! Dis-moi, tu as entendu parler du supermarché coopératif qui se monte en ce moment sur Bordeaux?

– Pas du tout… C'est quoi un supermarché coopératif?

Stéphane lui raconte dans le détail le projet du «Marché Super» comme ses créateurs l'ont astucieusement nommé. Le principe est simple: les clients du supermarché en sont aussi les patrons. Chaque coopérateur achète une part sociale de l'entreprise et devient adhérent. On peut faire ses courses dans le magasin dès que l'on est adhérent et que l'on donne trois heures de son temps chaque mois au fonctionnement du magasin (mise en rayon, caisse, nettoyage…). Ce principe de bénévolat permet de réduire drastiquement les coûts fixes, ce qui se répercute aussitôt sur les prix. On peut donc accéder à une alimentation d'excellente qualité et à l'essentiel pour la maison à moindre coût.

– C'est génial ce projet! Où en as-tu entendu parler?

– Bah, tu sais, j'ai toujours un peu les oreilles qui traînent. Mais ils font régulièrement des réunions d'information. Ils ont besoin de mille adhérents pour que le projet soit viable. Et ils sont encore loin du compte!

– Et tu sais où et quand a lieu la prochaine réunion?

– Oui, dans leur petit local pas loin d'ici. Tu peux aller voir sur leur site, tout est très bien expliqué, ça donne envie. Moi j'ai adhéré tout de suite, ce sera parfait pour compléter mon panier de l'AMAP.

– Ça ne m'étonne pas de toi, tiens! Je vais regarder ça, je te verrai peut-être là-bas alors?

– Compte sur moi ma jolie!

Stéphane claque deux bises sonores sur les joues de Charlotte et tourne les talons. Pendant ce temps, Lila s'affaire à cueillir les premières pâquerettes du printemps. Le soleil timide des premiers jours d'avril a sorti la nature de sa torpeur et le petit square se pare de nouvelles couleurs : jonquilles, crocus, violettes et petites fleurs blanches sur les cerisiers… Les oiseaux s'en donnent également à cœur joie, ravis de voir les jours s'allonger et les températures remonter.

Déjà 18 h 30, l'heure de rentrer préparer le dîner de Lila. La demoiselle a une horloge dans le ventre doublée d'un appétit d'ogresse.

Il n'y a que quelques mètres entre le square et la maison, mais le trajet peut prendre des heures avec une enfant qui découvre le monde dans un enthousiasme sans limite. Ici un petit chien en laisse, là un bébé dans une poussette, « Oh un papillon », « Ah une grosse poubelle avec des dessins dessus »… Charlotte essaie de rester patiente mais elle sait que l'heure tourne et qu'il faut se dépêcher de rentrer si elle ne veut pas subir la colère de la fillette qui devient incontrôlable quand elle est affamée. Sa nervosité augmente passablement au rythme des « Attends maman! » de Lila.

En arrivant près de chez elle, la jeune maman aperçoit sa voisine au volant de sa voiture qui attend la fin de l'ouverture de son portail automatique, la Mini bloquant le passage sur le trottoir. Les deux voisines n'ont pas encore eu l'occasion de faire connaissance, leurs horaires ne sont sans doute pas les mêmes. La quinquagénaire semble stressée. Elle ouvre la fenêtre de sa voiture et vide le cendrier rempli

Tout le monde ne raffole pas des brocolis

à ras bord dans le caniveau au moment même où Charlotte arrive à sa hauteur avec sa fille.

La jeune femme, éberluée, réagit aussitôt :

– Non mais ça ne va pas la tête ? Vous ne savez pas que les mégots qu'on jette par terre se retrouvent dans la mer et qu'un seul mégot pollue 500 litres d'eau ? Que les animaux les bouffent en croyant que c'est de la nourriture ? Et vous vous jetez un cendrier entier dans le caniveau. Mais vous êtes une grande malade !

– Holà, tout doux la rouquine ! Qu'est-ce qui vous prend à me hurler dessus comme ça ?

– Il me prend que j'en ai ras le bol des gens comme vous qui se foutent de tout polluer ! On va leur laisser dans quel état la Terre à nos enfants hein ?

Charlotte est hors d'elle. Lila à ses côtés hésite entre regarder sa maman qu'elle n'a jamais vue dans cet état et la dame qu'elle ne connaît pas et qui a l'air très fâchée elle aussi.

– Faut pas exagérer, il y a des gens payés pour nettoyer quand même ! se défend Corinne.

– Les mégots sont trop difficiles à ramasser, imaginez un peu le boulot sur les trottoirs, les caniveaux, entre les petits pavés des rues piétonnes. Il faudrait des centaines de balayeurs pour nettoyer l'inconscience des gens comme vous.

– Non, mais oh ! Ça vous prend souvent d'insulter les gens comme ça ? Pour qui vous vous prenez ?

– Pour une mère qui ne veut pas que sa fille grandisse sur une planète en train de crever de la bêtise des humains.

– Oh, tout de suite les grands mots… Ne vous inquiétez pas, le monde ne va pas s'arrêter de tourner du jour au lendemain.

– Peut-être, mais je vous parie que les choses ne feront qu'empir…

– OUUUUIIIINNNNN !!!

Lila, en pleine crise de nerfs, stoppe net les deux femmes. La morve au nez et la lèvre tremblante, la petite fille a carrément viré rouge écarlate.

Charlotte la prend immédiatement dans les bras en la couvrant de baisers et en lui demandant pardon. Elle plante là Corinne en lui jetant un regard foudroyant, contourne la voiture et s'engouffre chez elle en bouillonnant. *Quelle femme je m'en-foutiste !*

Pour faire retomber la pression, elle donne un morceau de pain à sa fille afin de la faire patienter et s'attelle à préparer le poisson…

en se demandant combien de mégots ce dernier a bien pu avaler dans sa courte vie…

7

Corinne et Maxime ont rendez-vous chez Dugent, un traiteur nouvellement installé à Bordeaux après avoir acquis une solide réputation à Paris. Corinne a dans l'idée de signer avec lui un contrat d'exclusivité. Si les *wedding planners* sont peu nombreux en Gironde, les Parisiens peuvent parfois empiéter sur ses plates-bandes et elle voudrait dégainer la première pour être la seule à travailler dans la région avec ce restaurateur en vue.

La vitrine de Dugent n'est pas une boutique comme les autres, elle est installée dans une maison de maître du XIXᵉ siècle. Après avoir poussé la porte qui donne sur la rue, on pénètre dans un ravissant jardin coloré. Un décor absolument charmant nous plonge dans un univers rêvé pour un mariage bucolique : tonnelle croulant sous la glycine, plancher de pin brut pour danser sous les lampions et les étoiles, compositions florales gigantesques serties de bougies blanches… Corinne tombe immédiatement sous le charme.

Une jeune femme souriante les accueille sur le perron.

– Bienvenue chez Dugent. Puis-je prendre vos manteaux ?

– Merci, répond Corinne. Nous avons rendez-vous avec M. Dugent, nous sommes l'équipe de la Big Wedding Factory.

– Très bien. M. Dugent a pris un peu de retard dans ses rendez-vous. Souhaitez-vous une coupe de champagne pour patienter ?

– Bien volontiers. N'est-ce pas Maxime ?

– Oui bien sûr.

Maxime a répondu d'une voix peu assurée. Il connaît le penchant de sa patronne pour le champagne et craint déjà le pire si le traiteur prend trop de retard. Il est 18 heures passées, elle risque de se lâcher en prétextant la fin de journée. Le jeune homme se souvient d'une anecdote similaire alors qu'il était à la fin de son stage. Corinne avait organisé une petite fête au café du coin pour célébrer la signature de son CDI. Elle avait démarré par quelques bières et était rapidement passée au champagne. Salomé avait insisté pour la ramener chez elle, passablement ivre, alors qu'elle commençait à vouloir danser sur les tables en formica du PMU. *Pourvu qu'elle reste dans la limite du raisonnable cette fois-ci…*

La jeune femme revient rapidement avec deux coupes de champagne rosé et une assiette de petits fours.

— Voici un assortiment de bouchées apéritives salées que nous proposons à la carte pour les mariages de cet été. Nous pouvons nous adapter à tous les types de demande : traditionnel, sans gluten, végétarien, végane… Notre souhait est de satisfaire les besoins de nos clients sans perdre la notion de plaisir. Je vous laisse apprécier, je suis juste à côté si vous avez besoin de quoi que ce soit.

Corinne et Maxime s'installent dans un petit salon à la décoration rococo sur deux fauteuils crapauds recouverts de velours émeraude. Autour d'eux s'amoncellent peintures, tapisseries, candélabres et miroirs dorés.

— Sans gluten… végane… Tu comprends son charabia toi ? interroge Corinne en vidant sa coupe de champagne d'un trait.

— Oui, je m'intéresse beaucoup aux tendances alimentaires. Ma mère est diététicienne, je lui ai toujours posé plein de questions !

— Vas-y mon beau, fais-moi donc un petit cours.

Maxime déteste quand Corinne le complimente ouvertement sur son physique. Cela le met toujours mal à l'aise. Mais il essaie de faire bonne figure en démarrant son exposé.

— Le gluten est un composant de certaines céréales. On en trouve par exemple dans le blé, l'orge, le seigle…

— On en a presque toujours mangé alors…

— Le problème c'est que dans le courant du XXe siècle, on a modifié génétiquement les céréales pour les rendre plus résistantes aux insectes, aux maladies ou aux intempéries. Mais notre tube digestif, lui, n'a pas été modifié. C'est pourquoi certaines personnes digèrent mal le gluten,

Tout le monde ne raffole pas des brocolis

ce qui peut créer des maux de ventre, des douleurs articulaires voire des maladies graves. Les personnes dites « cœliaques » doivent supprimer à tout jamais le gluten de leur alimentation car les conséquences peuvent leur être fatales. Voilà pourquoi certains mariés préfèrent proposer un buffet sans gluten à leurs invités, cela rend les choses plus simples pour tous les convives.

– Je vois… et le truc véga-machin, c'est quoi ça ?

– Là on est plus dans du militantisme, un choix de vie pour être en harmonie avec ses convictions. Les véganes considèrent qu'il ne doit pas y avoir de domination de l'Homme sur l'Animal et qu'il n'est pas nécessaire d'exploiter et tuer les animaux pour se nourrir. Comme les végétariens, ils retirent de leur alimentation toute chair animale (viande, poisson, crustacés), mais aussi les œufs, le miel, le lait et ses dérivés… Ils vont même plus loin en refusant le cuir des sacs et des chaussures.

– Il ne doit pas leur rester grand-chose à manger à ces malheureux…

– Mais si ! On enlève des aliments, mais on en ajoute plein d'autres ! Il existe une multitude de légumes oubliés, légumineuses, graines, algues pour imaginer plein de recettes. Et pour ceux qui ont plus de mal à s'en passer, on arrive aujourd'hui à faire de la fausse viande ou des faux fromages ! Il existe même du faux saumon réalisé à partir d'algues ! Le goût et la texture sont bluffants.

– Dis donc tu t'y connais sacrément bien…

– Je m'y intéresse beaucoup oui, depuis tout petit. C'est passionnant toutes ces questions autour de l'alimentation, tu ne trouves pas ?

Corinne fait la moue. La jeune femme interrompt leur conversation en s'excusant une nouvelle fois du retard de son patron. Elle arrive avec deux nouvelles coupes de champagne, du brut cette fois. Maxime tique un peu mais ne laisse rien paraître. Tous deux croquent dans les différentes pièces apéritives posées devant eux. Chaque bouchée est une explosion de saveurs. On sent les influences asiatiques du chef. Les goûts et textures se mélangent mais l'ensemble garde une belle unité. Une vraie réussite.

Le champagne commence à faire son effet. Corinne a beau boire souvent, voire quotidiennement, elle tient toujours aussi mal l'alcool. Elle se met à parler dans le vague :

– Tu sais Maxime, quand j'avais ton âge, je voulais conquérir le monde. J'ai toujours voulu monter ma boîte. Et puis ma fille est arrivée, mon mari n'était jamais là… J'ai dû ranger mes rêves dans un tiroir et attendre quelques années pour les ressortir.

Elle avale une gorgée de champagne, les yeux dans le vague, perdue dans ses souvenirs.

— Et me voilà aujourd'hui. Je n'ai pas conquis le monde. J'essaie juste de réussir le plus beau jour de la vie des gens… alors que j'ai foiré mon propre mariage !

M. Dugent arrive, interrompant la logorrhée déprimante de Corinne, au grand soulagement de Maxime.

— Pardonnez mon retard, tous mes rendez-vous ont été décalés depuis le début de l'après-midi… Alors, comment trouvez-vous les créations de mon épouse ?

— Ah, mais le chef est une cheffe ! Je comprends mieux toutes ces variations autour des nouveaux régimes végé-machin-chose ! s'exclame Corinne un peu trop bruyamment.

— Détrompez-vous, chère Madame, c'est moi qui en ai eu l'idée ! Je m'occupe de tout ce qui est « tendance » et communication. Et il faut bien considérer que l'air du temps est aux nouvelles façons de se nourrir sans nuire. Mon épouse peaufine chaque jour ses créations pour satisfaire les envies et besoins de nos clients. Nous sommes capables de répondre à bien des demandes !

Le traiteur prend une assiette et montre un toast particulièrement appétissant.

— Là par exemple vous avez un pain de mie sans gluten à la farine de riz et au sésame recouvert d'un « faux-mage » élaboré à partir de noix de cajou. Cela a le goût d'un fromage frais légèrement salé. On peut l'agrémenter d'une multitude d'ingrédients selon les goûts ou le thème du mariage.

Les échanges vont bon train pendant la dégustation. M. Dugent propose à Corinne et Maxime un apéritif maison réalisé à partir de gin, limonade, gingembre et fruits rouges. Maxime refuse poliment le cocktail, anticipant qu'il vaut mieux garder la tête froide pour le reste de la soirée. Corinne ne se fait pas prier, prétextant qu'il est important de goûter un maximum de choses pour voir l'étendue des talents du traiteur.

Il est 20 heures quand l'équipe de la Big Wedding Factory quitte Dugent en laissant au traiteur une proposition de contrat d'exclusivité pour la région bordelaise à lire avec son associée.

Tout le monde ne raffole pas des brocolis

Voyant Corinne tituber légèrement, Maxime lui propose de la ramener chez elle en conduisant sa Mini.

— Mais je peux conduire voyons… Ce ne sont pas deux coupettes et un minuscule apéro qui vont m'empêcher de trouver ma route quand même !

— Sans aucun doute Corinne, mais je serais plus rassuré si je te ramenais chez toi.

— Oh, tu te fais du souci pour moi, t'es vraiment trop chou toi ! s'exclame Corinne, que la perspective de rester un peu plus longtemps avec son charmant assistant n'est pas pour déplaire.

Dans la voiture, Corinne ne cesse de se plaindre : son mariage raté, sa fille qui lui cause tant de soucis, son stress au travail, ses maux de ventre. Maxime l'écoute d'une oreille un peu distraite en gardant l'autre bien ouverte pour les indications du GPS. Car bien entendu Corinne ne lui indique pas une seconde l'itinéraire, bien trop occupée à déverser sa rancœur, maintenant que la vanne est grande ouverte.

Arrivés à bon port, le jeune homme opère un créneau parfait dans la rue à deux pas du portail de la maison. L'arrêt du moteur tire Corinne de sa rêverie.

— N'éteins pas le moteur, on va la rentrer !

Elle sort un bip de la boîte à gants et le portail de la maison s'ouvre aussitôt. Maxime est stupéfait devant la beauté du lieu. Après avoir rentré la voiture dans la cour, il aide, non sans mal, sa responsable à en sortir. Il lui offre son bras pour monter les quelques marches.

— Quel gentleman tu fais ! Tu veux venir boire un dernier verre ?

Corinne a sorti cette phrase avec un sourire appuyé. Elle s'en veut aussitôt : Maxime est son employé tout de même ! Elle ne peut pas se comporter avec lui comme avec les jeunes hommes qu'elle aime tant séduire.

— C'est gentil, Corinne, mais je vais rentrer, je suis fatigué.

— Mais comment tu vas faire ?

— Je vais prendre un vélo en libre-service, il y a une station VCub tout près. J'ai l'habitude, je fais ça tout le temps, c'est très pratique.

— Très bien, mon grand. Il y a une petite porte à côté du portail. Tu peux l'ouvrir sans clé, et elle se claque toute seule.

Une fois Maxime parti, Corinne s'écroule sur son lit tout habillée. Ses escarpins claquent sur le parquet alors qu'elle les enlève l'un après l'autre. Elle s'enroule dans le plaid jeté sur le lit et s'endort presque aussitôt dans un sommeil lourd et sans rêve.

La nuit lui fait payer ses écarts : coup de poignard après coup de poignard, son ventre lui fait comprendre qu'il est plus que temps de prendre soin de lui.

C'était quoi cette histoire de naturopathe déjà ?

8

Ce soir, Charlotte et Alexandre sortent au restaurant. C'est la première fois depuis leur arrivée à Bordeaux il y a bientôt trois mois. Jusque-là, Charlotte ne voulait pas déstabiliser sa fille : elle attendait qu'ils soient bien installés, que Lila trouve ses marques, qu'ils repèrent une chouette baby-sitter… ou peut-être souhaitait-elle être prête elle-même à confier son petit trésor à quelqu'un. Presque trois ans après la naissance, le cordon est bien loin d'être coupé…

Alexandre, voulant retrouver sa compagne pour lui tout seul, a pris les choses en main. En voyant une petite annonce à la boulangerie pour du baby-sitting, il eut un déclic et appela la jeune femme. C'est en lui faisant passer l'entretien qu'ils ont tous deux réalisé qu'ils étaient voisins. Amandine a l'habitude des enfants et Lila l'a aussitôt adorée. Elle allait donc être leur baby-sitter attitrée et Charlotte n'a pas eu son mot à dire.

À son arrivée à la maison, la jeune maman couvre l'étudiante de mille recommandations sur le repas, l'histoire du soir, le passage sur le pot, le brossage des dents, le rituel des petites lumières avant de dormir.

– N'oublie pas de lui donner son doudou et de bien la border pour qu'elle ne tombe pas. J'ai mis les numéros d'urgence sur le frigo. Et je t'envoie le mien par texto.

Charlotte est bien plus angoissée que sa fille qui lui envoie des bisous en soufflant sur sa petite main depuis le pas de la porte.

Devant le restaurant, Charlotte ne peut s'empêcher d'envoyer un petit message à Amandine pour s'assurer que tout se passe au mieux.

Camille Chaplin

Elle est nerveuse, comme si c'était son premier rendez-vous avec Alexandre. Ce dernier essaie de détendre l'atmosphère.

– Allez, ma chérie, relax! Elle est charmante cette Amandine, tout va forcément bien se passer.

Le jeune papa a également imposé le choix de l'établissement : une brasserie traditionnelle rouverte quelques semaines auparavant sous l'impulsion d'une bande de copains trentenaires. À côté des plats typiques de la région Aquitaine, la carte propose une sélection plus moderne, en revisitant des plats célèbres d'ici et d'ailleurs.

– Bonsoir Madame, bonsoir Monsieur, puis-je prendre vos manteaux ?

Le serveur est à la fois chic et cool dans son habit de garçon de café avec sa chemise aux manches retroussées et fermée par un nœud papillon carmin. Une fois leurs manteaux au vestiaire, il les invite à le suivre au fond de la salle où une table les attend.

Le restaurant est spacieux et lumineux. Une verrière fait office de plafond et permet d'observer les immeubles en pierre claire qui l'entourent. D'immenses tableaux contemporains couvrent les murs d'un côté tandis qu'une étagère remplie de livres anciens orne l'autre. L'ambiance chaleureuse, typiquement française, plaît aussitôt à Charlotte.

– Alors moi, pour une fois, je vais me prendre une bonne côte de bœuf! s'enthousiasme Alexandre.

Le nez collé à la carte, il ne remarque pas la crispation immédiate de sa compagne. Depuis qu'elle s'informe de l'impact de l'alimentation sur l'environnement, Charlotte a complètement revu sa façon de manger pour laisser l'empreinte la plus légère possible sur la Terre. Cesser de manger de la viande a été l'un de ses premiers gestes «conscients». Elle a beau en parler régulièrement avec Alexandre, celui-ci ne semble toujours pas comprendre.

Ou peut-être le fait-il exprès pour me titiller? Curieuse façon de démarrer une soirée en amoureux…

– Et toi, qu'est-ce qui te fait envie ma douce ?

– Certainement pas de la viande! Tu sais bien que je n'en mange plus depuis plus de trois ans et sa seule vue me dégoûte…

– Ah non, pitié Charlotte, ne recommence pas à me sermonner. Tu me gaves de brocolis depuis des semaines, j'ai bien le droit de me faire un peu plaisir au resto non ?

Tout le monde ne raffole pas des brocolis

– Ne me dis pas que tu ne manges jamais de viande quand tu déjeunes avec tes collègues?

– Si, bien sûr, mais beaucoup moins qu'avant. Je t'écoute tu sais, il ne faut pas croire que tout ce que tu me racontes tombe dans l'oreille d'un sourd!

– Ah bon, alors dis-moi en quoi c'est «écologiquement incorrect» de manger du bœuf?

Le serveur arrive à ce moment-là pour prendre la commande suspendant la conversation qui a rapidement pris un tour agressif. Une fois le jeune homme parti, le ping-pong reprend.

– Je sais qu'il faut beaucoup d'eau et de surface de terre pour faire pousser les aliments qui vont nourrir les animaux et que ça entraîne de la déforestation dans certains pays comme le Brésil. Je sais aussi que les vaches rotent du méthane, un gaz encore plus polluant que le dioxyde de carbone, qui accélère le dérèglement climatique.

– Alors sachant tout ça, pourquoi tu continues à en manger?

– Mais parce que ce n'est pas moi et mon steak qui allons changer la face du monde!

Charlotte s'emporte, le feu lui monte aux joues.

– Voilà, il est là le problème! Tout le monde pense comme toi, tout empire et tout le monde s'en fout. On ne mangeait pas autant de viande autrefois, c'était un plat du dimanche, de fête. Aujourd'hui, on en mange midi et soir, c'est beaucoup trop! Et comme par hasard, il y a une explosion de maladies qui n'existaient pas autrefois comme le diabète, les maladies cardio-vasculaires… On détruit des forêts ancestrales, on affame des populations en cultivant des céréales pour nourrir le bétail plutôt que les hommes et on se tue nous-mêmes à cause de nos excès! Si les humains mangeaient moins de viande, on se porterait tous bien mieux!

Le serveur revient avec la côte de bœuf saignante et le plat de Charlotte, des nouilles de riz sautées aux petits légumes et champignons noirs, parfumées à la coriandre et à la citronnelle.

Le temps se suspend un instant. Alexandre semble hésiter à couper sa viande. Cette conversation le met mal à l'aise et il ne sait pas comment en sortir.

Charlotte reprend, d'une voix plus douce:

– Et puis, je pense aussi à la souffrance de ces animaux que l'on fait naître pour nous nourrir et qui meurent dans un abattoir dans des conditions terribles. Je ne peux plus voir un morceau de bidoche sans penser qu'on mange aussi cette souffrance. C'est plus fort que moi.

– OK Charlie, je comprends tout ça. Mais moi, tu vois, j'ai besoin de me remplir le ventre et les légumes ne me suffisent pas. Si j'arrête la viande, je vais manquer de protéines.

– Ça, c'est une excuse bidon! Quand tu vois le nombre de sportifs de haut niveau qui sont végétariens, on voit bien que c'est largement faisable! Il suffit d'équilibrer son alimentation en y intégrant des éléments moins connus mais tout aussi nourrissants et nutritifs. Et puis, avoue que je te prépare souvent des bonnes choses à manger, même sans viande.

– Oui, c'est vrai que tu assures en cuisine. Mais moi j'aime le goût de la viande, c'est trop bon! Tout le monde ne raffole pas des brocolis… Ne me dis pas que ça ne te manque jamais?

– Un peu parfois, surtout quand vient la saison des barbecues, l'odeur de la viande grillée me fait parfois envie. Mais je t'assure que je me sens mieux dans mon corps et dans ma tête depuis que j'ai arrêté d'en manger. Tiens, tu savais qu'on mettait sept heures à digérer un steak? Cette nuit par exemple, au lieu de se régénérer, ton corps va utiliser toute son énergie à digérer cette côte de bœuf. Tu vas sans doute te réveiller, avoir trop chaud et demain matin tu seras fatigué…

– Bon t'as gagné. J'avoue que là, tu m'as un peu coupé l'envie… Mais ce n'est pas simple pour moi tous ces changements. Quand on s'est rencontrés, on mangeait n'importe quoi, n'importe quand… On s'en fichait de tout ça!

On faisait l'amour tout le temps aussi…

Alexandre n'ose pas évoquer à voix haute l'absence de libido de Charlotte depuis qu'elle est devenue maman. L'ambiance est déjà suffisamment tendue comme ça.

– Bon, on parle d'autre chose?

Charlotte prend une gorgée de Tariquet, ce vin blanc sec du Gers dont les néoBordelais sont friands.

– De quoi souhaites-tu parler?

– Hou là! Quand on se pose la question, c'est que la conversation n'est pas très fluide… J'avoue que je n'avais pas imaginé que nos retrouvailles en tête-à-tête prendraient cette tournure…

Tout le monde ne raffole pas des brocolis

— Je suis désolée Alex, mais avoue que tu as démarré fort avec cette histoire de viande. Allez, passons à autre chose, raconte-moi comment ça se passe pour toi au boulot en ce moment.

Le jeune papa raconte les derniers épisodes de son quotidien de télétravailleur. Il s'est installé dans un espace de *coworking* où une dizaine de free-lances se partagent un espace lumineux et confortable dans un quartier branché de l'hypercentre. Bureaux spacieux, imprimante et accès Internet partagés, coin cuisine tout équipé, salle de réunion privatisable quand le besoin d'intimité se fait sentir... Alexandre a rapidement trouvé sa place et aussitôt adoré l'endroit.

Plus qu'un espace de travail, il y trouve aussi des conseils de la part des autres *coworkers*, des réponses à ses questions et une façon d'éviter la solitude du travailleur à domicile. Être loin de son équipe parisienne ne lui pose pas de problèmes. Grâce aux nouvelles technologies, il est possible d'organiser des réunions virtuelles ou même d'échanger par messagerie instantanée. Parfois, le retour à Paris devient indispensable pour rencontrer des nouveaux clients ou présenter les maquettes des sites sur lesquels il a travaillé. Mais le voyage de deux heures en TGV permet de faire l'aller-retour facilement dans la journée.

Charlotte l'écoute avec attention. Elle comprend une nouvelle fois que travailler lui manque et qu'elle envisage de plus en plus sérieusement de reprendre une activité professionnelle.

— Et cette fameuse Émilie, elle te drague toujours?

Charlotte arbore son sourire malicieux en réajustant ses lunettes sur son nez. Elle est d'un naturel jaloux et ne se prive pas pour le montrer à son compagnon qui élude la question. Alexandre se sait séduisant et ne se prive pas pour se laisser courtiser. Mais il reste fidèle à Charlotte, l'amour de sa vie.

La conversation prend un tour plus léger avec l'échange des petites nouvelles de parents et amis, les dernières lectures de Charlotte, les prochaines vacances à la montagne et leur envie commune de retourner rapidement ensemble au cinéma.

La soirée finit mieux qu'elle n'a commencé. Les tensions se sont un peu dissipées même si un certain malaise persiste et que des sujets sont soigneusement évités. Comme Rémi le maraîcher et son invitation à visiter sa ferme début juin. Charlotte n'a pas envie de parler de lui pour le moment. Mais, en s'endormant, elle ne peut s'empêcher de penser que Rémi ne mange sûrement pas de viande, lui.

9

En entrant dans la salle d'attente de la naturopathe, Corinne est aussitôt dérangée par un parfum entêtant qui la fait éternuer.

– Ça commence bien… siffle-t-elle entre ses dents serrées.

Elle identifie rapidement l'odeur du patchouli qui la renvoie près de cinquante ans en arrière quand elle était une toute petite fille, élevée par une maman baba cool et des papas qui restaient plus ou moins longtemps à la maison. La vie était alors joyeuse mais aussi stable qu'une barque au milieu de l'océan en pleine tempête. Adulte, Corinne avait choisi un modèle de vie à l'opposé de celui de sa mère pour se raccrocher aux branches. Était-elle plus heureuse pour autant?

Elle s'assoit sur un confortable canapé en lin gris et observe le petit monde dans lequel elle s'est décidée à entrer pour régler ses ennuis de santé et son stress chronique.

La naturopathe partage ses locaux avec un ostéopathe et une praticienne de médecine traditionnelle chinoise. La salle d'attente commune aux trois thérapeutes reflète les univers de chacun: un diffuseur d'huiles essentielles, un énorme bouddha souriant en porcelaine et sur les murs des planches d'anatomie montrant le corps humain de face et de dos. Sur une plaque de liège sont punaisées une multitude de cartes de visite d'autres professionnels de santé. Corinne est stupéfaite de découvrir autant de thérapies différentes pour prendre soin de soi: sophrologie, olfactothérapie, bulles à flotter, hypnose, pleine conscience… Elle reconnaît vaguement quelques noms mais n'en a testé aucune.

Camille Choplin

L'attente est de courte durée. Une ravissante jeune femme se présente à elle et l'invite à entrer dans son cabinet. Solange Dupin. Avec un tel nom, Corinne s'attendait à rencontrer une femme de son âge voire plus âgée, et suivre la pétillante trentenaire la trouble. Son amie Béatrice ne l'avait pas prévenue. Corinne n'aurait sans doute pas pris rendez-vous en sachant que la thérapeute était si jeune. Elle a beaucoup de mal à dialoguer avec des femmes plus jeunes. À leurs côtés, elle voit immédiatement combien elle se sent vieille et fatiguée par la vie.

Après l'avoir invitée à s'asseoir dans un fauteuil moelleux, Solange entame la conversation :

– Alors, comme ça, c'est Béatrice qui vous envoie ?

– Exactement, elle ne tarit pas d'éloges sur vous.

– Eh bien, j'espère être à la hauteur ! Que vous a-t-elle dit de la naturopathie ?

– Pas grand-chose… à part que vous aviez fait des miracles concernant ses ballonnements. Dit comme ça, ce n'est pas très glamour !

– Vous avez raison. Pour résumer, vous allez voir le médecin quand vous avez un souci alors que le naturopathe vous donne des clés à suivre… pour aller chez le médecin le moins possible ! Nous faisons le bilan ensemble, puis nous mettons en place des règles de vie pour améliorer votre bien-être. Cela concerne l'alimentation, l'activité physique, le sommeil… et nous utilisons toutes sortes d'outils complémentaires comme les plantes, les fleurs de Bach, les massages… ou d'autres thérapies. Toujours tentée ?

– Oui, je suis curieuse d'en savoir plus. Je ne connais rien à tous ces trucs-là.

– Parfait ! Pour commencer, je vais prendre quelques renseignements pratiques pour établir votre fiche.

La quinquagénaire énumère alors ses nom, prénom, numéro de téléphone, adresse e-mail… Mais aussi son poids, sa taille, sa profession, sa situation familiale… Corinne raconte tout sans problème en omettant simplement son appétit pour les jeunes hommes. *Après tout, cette jeunette n'a pas besoin de connaître les détails de ma vie sexuelle.*

Elle en profite pour observer le bureau dans lequel elle se trouve. Avec deux immenses fenêtres, la pièce est baignée de lumière. Malgré cela, quelques bougies sont allumées sur des étagères en bois clair. Au fond de la salle, une table de massage. Corinne se demande depuis combien de temps elle ne s'est pas fait masser. Elle adore ça mais ne

Tout le monde ne raffole pas des brocolis

prend jamais le temps. Au mur, une citation que Corinne prend le temps de lire alors que la naturopathe est en train d'écrire sur son cahier : « Rire souvent et sans restriction ; s'attirer le respect des gens intelligents et l'affection des enfants ; tirer profit des critiques de bonne foi et supporter les trahisons des amis supposés ; apprécier la beauté ; voir chez les autres ce qu'ils ont de meilleur ; laisser derrière soi quelque chose de bon, un enfant en bonne santé, un coin de jardin ou une société en progrès ; savoir qu'un être au moins respire mieux parce que vous êtes passé en ce monde ; voilà ce que j'appelle réussir sa vie. »

Ralph Waldo Emerson

Corinne trouve le propos joli et ne peut s'empêcher de se demander quelle trace elle laissera de son passage sur Terre. La naturopathe la tire de sa rêverie en entamant une série de questions sur sa santé et son hygiène de vie.

– Avez-vous des enfants ?

– Oui, une grande fille de 20 ans, Amandine.

– Est-ce que la naissance s'est bien passée ?

– Eh bien… je ne m'en souviens pas vraiment. Le bébé était en siège, j'ai donc eu une césarienne et on m'a endormie à un moment à cause d'un stress respiratoire.

– Je vois. Cela peut être traumatisant. Avez-vous parlé à un professionnel de cette naissance difficile ?

– Euh non… Je n'en ai jamais ressenti le besoin à vrai dire.

– Très bien. Avez-vous allaité votre fille ?

– Non. Je n'en avais pas envie.

– Avez-vous des traitements en cours ?

– Je prends un médicament pour la circulation du sang et parfois des somnifères pour dormir.

– Y a-t-il des antécédents familiaux concernant du diabète ? Du cholestérol ? Des cancers ? Des AVC ?

– Ma mère a eu un cancer du sein à 52 ans. Elle s'en est sortie. Je ne connais pas mon père biologique. Pour le reste, je ne sais pas. Ce ne sont pas des choses dont on parle aux déjeuners de famille.

– Est-ce que vous fumez ?

– Oui, environ un paquet par jour.

– Avez-vous tenté d'arrêter ?

– Je dirais une trentaine de fois…

Et ne t'avise pas de me sermonner Miss Parfaite.

– Vous buvez de l'alcool ? Sauriez-vous chiffrer le nombre d'unités chaque jour ?

– Alors oui je bois… Je dirais 2 unités par jour.

« Unité » ? Mais on est à l'armée ou quoi ?

– OK, c'est noté. On va maintenant parler de votre alimentation.

Youpi, que la fête commence ! Elle ne va pas être déçue la cocotte !

– Racontez-moi votre journée type. Qu'est-ce que vous mangez le matin ?

– Euh… un expresso serré au café du coin… voire deux.

– Vous ne mangez rien ?

– Eh bien, la plupart du temps, je n'ai pas faim le matin.

– Est-ce que vous grignotez dans la matinée ?

– Ça m'arrive. Je garde un paquet de gâteaux au sésame dans mon bureau. Des gâteaux diététiques hein !

Elle dit cela avec un ton de petite fille prise la main dans le pot de confiture. La naturopathe sourit et poursuit son enquête :

– Que mangez-vous au déjeuner ?

– Souvent je déjeune au restaurant, donc je prends le plat du jour. Pas de dessert, ça me fait dormir. Quand je dois avancer sur un dossier, je saute le déjeuner ou alors je mange un sandwich ou une salade devant mon ordinateur.

– Je vois. Et le soir ?

– Je n'aime pas cuisiner. Donc j'achète des plats tout faits, congelés que je mets au four. Ou une soupe en brique avec un bout de pain et de fromage.

– Jamais de légumes ou de fruits frais ?

– Bah si, au resto !

Ne commence pas à me juger poulette ou ça va me gonfler…

– Avez-vous des allergies alimentaires ?

– Non je ne crois pas. Je ne me suis jamais posé la question en fait.

– Est-ce que vous allez à la selle tous les jours ?

Ah d'accord, on passe des repas au caca sans transition. Elle est pas gênée elle…

– Euh, non, pas vraiment. Je pense y aller deux fois par semaine à peu près. Il faudrait que je note, je ne sais pas trop.

– Savez-vous si vous y allez dans un moment particulier de la journée ?

Tout le monde ne raffole pas des brocolis

— Aucune idée… Mais quand j'ai envie, ça vient très vite. *Si tu veux vraiment tout savoir…*

— Avez-vous des gaz? Des ballonnements? Des maux de ventre?

— Eh bien j'ai souvent la sensation de «coups de poignard» dans le ventre. C'est très douloureux, ça me réveille parfois la nuit.

— Je vois. Parlons de votre sommeil justement. À part ces douleurs, comment dormez-vous? Vous avez évoqué des somnifères tout à l'heure…

Elle m'énerve avec ses «je vois», on se croirait chez le psy!

— Effectivement, j'ai souvent du mal à dormir ou à me rendormir quand je me réveille alors je prends un cachet. Cela m'arrive deux ou trois fois par semaine je dirais.

— Et savez-vous vers quelle heure vous vous réveillez?

— Pas vraiment…

— Faites-vous des cauchemars?

Non mais je vais en faire cette nuit après cet interrogatoire interminable…

— Rarement.

— Êtes-vous fatiguée au réveil?

— Oui, j'ai toujours du mal à sortir du lit. J'ai les yeux qui collent comme dirait l'autre.

— Qui ça?

— Euh, je ne sais pas, c'est une expression non?

— Ah pardon, je ne la connaissais pas! Sans doute pas de mon époque!

Je rêve où elle sous-entend que je suis vieille? Quel culot celle-là!

Le questionnaire se poursuit en scannant les différentes parties du corps et les problèmes qui peuvent y advenir: maux de tête, troubles de la vue, problèmes respiratoires, tension, palpitations, circulation du sang, système articulaire… Corinne n'a jamais autant parlé de sa santé. Elle réalise petit à petit à quel point son corps lui est inconnu. Un véhicule qui la transporte mais dont elle ne fait jamais la révision.

À la fin de l'interrogatoire, la naturopathe reprend la parole:

— Corinne, je vous remercie pour la franchise dont vous avez su faire preuve pendant cet entretien. Je vois bien que vous n'avez pas l'habitude de vous regarder le nombril et de scruter vos moindres faits et gestes. Cependant, si vous voulez voir une amélioration de votre santé, il va falloir s'en préoccuper et instaurer quelques nouvelles règles dans votre vie quotidienne. À commencer par revoir votre alimentation. C'est sans doute elle qui est la cause de vos maux de ventre nocturnes.

– Oui je m'en doutais un peu. Mais je déteste cuisiner, je ne vais pas m'y mettre aujourd'hui, à 50 ans !

– Je vais vous donner quelques tuyaux pour vous préparer à manger facilement sans vous prendre la tête. Nous allons introduire plus de fruits et légumes frais, mais aussi petit à petit des aliments dont vous n'avez pas l'habitude et qui vont faire du bien à votre transit : les légumineuses !

– Vous voulez parler des lentilles ?

– Oui, par exemple. Les haricots blancs, les fèves – en cette saison on en trouve facilement, on peut même les manger crues, c'est délicieux ! –, les pois chiches… Et je vais vous donner ma recette de houmous maison.

La jeune femme livre ensuite à Corinne toute une série de conseils à suivre au fil d'une journée type. Reprendre heure par heure tout ce qu'elle doit manger, respirer, faire, semble une montagne infranchissable à la quinquagénaire. Mais le regard bienveillant et le sourire chaleureux de la jeune femme effacent peu à peu sa méfiance et Corinne se dit qu'elle n'a pas grand-chose à perdre à tenter l'expérience.

Après avoir pris rendez-vous pour un entretien de suivi un mois et demi plus tard, elle quitte le cabinet et son odeur de patchouli avec une liste de conseils longue comme le bras, un peu d'appréhension et le regret de ne pas pouvoir partager ce moment avec Pierre. Après trois ans de séparation, son ex-mari lui manque toujours autant. Corinne souffle un bon coup pour chasser la boule venue se coincer dans sa gorge et appelle Béatrice pour la remercier.

10

Amandine est une pile électrique. Elle a rendez-vous dans une heure avec Théo pour aller au cinéma. Souraya leur a fait faux bond, prétextant un devoir à rendre le lendemain. Mais Amandine se doute que sa meilleure amie lui laisse le champ libre pour qu'elle puisse faire connaissance tranquillement avec son cousin.

Dans sa chambre devant le miroir en pied, la jeune fille hésite sur sa tenue. Elle veut paraître bien habillée sans donner l'impression d'en faire trop. Pas sûr que Théo aime les filles sophistiquées. Le sol est jonché de vêtements, rien ne semble lui aller. Elle se trouve trop grosse, trop molle, trop fade... Elle finit par enfiler son jean fétiche et un top vintage en soie débusqué dans une friperie. C'est comme ça qu'elle se sent le mieux, c'est ce qui compte après tout.

Quand Amandine arrive devant le cinéma, elle scrute les alentours pour voir si le jeune homme est arrivé. Mais pas de Théo à l'horizon. Légèrement déçue, elle prend place dans la file d'attente de l'Utopia. À l'heure des multiplexes sans âme, ce cinéma indépendant fait figure de résistant avec sa programmation audacieuse et souvent militante. Pour contenir son impatience, Amandine détaille les différents prospectus disposés sur un buffet. Il y en a pour tous les goûts, de l'association de quartier prônant la solidarité et l'entraide au cours de danse africaine ou l'art-thérapie. Si elle s'écoutait, la jeune femme essaierait tout. Sa curiosité est sans limite.

Soudain, un petit coucou soufflé à son oreille la fait sursauter.

– Théo! Tu m'as fait peur!

— Je ne savais pas que tu étais sensible à ce point !

— Tu ne sais pas grand-chose de toute façon…

— C'est vrai, mais je connais déjà une de tes faiblesses…

Amandine cache ses joues brûlantes et son trouble en cherchant le programme du cinéma dans son sac à main. Elle essaie de respirer profondément sans que ça se voie pour tenter de ralentir les battements de son cœur.

— On va voir quoi ?

— J'ai ma petite idée. Pas de film, mais un documentaire dont on m'a dit beaucoup de bien. Je pense que ça va te plaire…

— Quel suspense ! Tu ne m'en dis pas plus ?

— Non. Je te laisse la surprise de le découvrir, c'est plus excitant non ?

Re-rougissement.

Re-confusion.

Et pas moyen de se défiler cette fois.

Heureusement, l'attente est de courte durée et Amandine est rapidement fixée sur le nom du documentaire : *En quête de sens*. Elle n'en a pas entendu parler, mais le titre lui plaît déjà.

Le cinéma d'art et d'essai est installé dans une ancienne église. C'est la première fois qu'Amandine s'y rend. Dès le hall d'entrée, le décor est un spectacle à lui tout seul avec ses boiseries, ses vitraux et sa hauteur sous plafond. En arrivant dans la salle, elle tombe sous le charme de l'ambiance particulière qui s'en dégage, bien loin des cinémas flambant neufs dont elle a l'habitude. Larges poutres, lourdes tentures rouges, on pourrait presque sentir l'odeur de l'encens…

Amandine et Théo ont à peine le temps d'échanger quelques paroles que la lumière s'éteint pour laisser place au film. Dès les premières minutes, l'étudiante se sent happée par l'aventure de ce jeune cadre dynamique qui quitte un poste à responsabilité dans une multinationale à New York et une carrière toute tracée pour parcourir le monde « en quête de sens ».

Il voyage avec son ami d'enfance, réalisateur de documentaires qu'il n'avait pas vu depuis dix ans et qui, depuis leurs retrouvailles, lui a ouvert les yeux sur l'état du monde en lui montrant… des documentaires !

Les deux amis sont partis pendant six mois à la rencontre de « sages » de toutes nationalités. Amandine est bluffée par l'enthousiasme du jeune homme, diplômé d'une école de commerce et dont la voie ne le satisfait plus. Elle se reconnaît aussitôt dans ses questionnements, cette quête

Tout le monde ne raffole pas des brocolis

de sens qui devrait être, selon elle, propre à tout être humain et qu'elle voit pourtant si peu autour d'elle.

Pendant le film, elle ne peut s'empêcher de regarder Théo du coin de l'œil. Lui aussi semble captivé par la beauté des paysages et de toutes ces personnes rencontrées sur le chemin. De l'Inde aux États-Unis en passant par l'Amérique du Sud et la France, un même message : donner du sens à sa vie personnelle pour redonner du sens à notre monde.

Après le film, un débat est organisé pour recueillir à chaud les réactions des spectateurs. Les personnes présentes sont toutes très enthousiastes, chacune raconte comment le film leur donne envie d'avancer sur un chemin moins matérialiste, plus spirituel. Beaucoup de questions sont posées sur les initiatives pratiques à rejoindre dans la région.

Théo prend la parole pour parler de son expérience du *wwoofing* en Nouvelle-Zélande. Il raconte comment chacun peut aider au développement de l'agriculture biologique en donnant de son temps et de son énergie dans des petites fermes familiales, que ce soit au bout du monde ou dans la campagne environnante. Amandine admire son aisance, elle qui est toujours pétrifiée à l'idée de parler en public.

D'autres personnes parlent d'initiatives locales pour aider les citoyens à se prendre en main. Une dame d'un certain âge décrit le mouvement des Colibris initié par le paysan philosophe Pierre Rabhi pour rassembler les citoyens qui souhaitent agir concrètement pour changer le monde. Toutes ces bonnes volontés imaginent des ateliers d'intelligence collective pour trouver des solutions simples à appliquer localement sur des thèmes du quotidien : alimentation, éducation, énergie, solidarité…

Un quadragénaire parle des Incroyables comestibles, un autre mouvement né en Angleterre, regroupant des citoyens qui veulent revégétaliser leurs villes en faisant pousser des arbres fruitiers et des légumes à partager sans contrepartie. Amandine est sidérée de la simplicité avec laquelle l'homme s'exprime comme si tout était possible.

Il y a aussi le réseau des Accorderies qui permet à chacun de partager ses talents avec ses voisins pour s'entraider et recréer du lien social…

Amandine ne connaît pas le quart de ces initiatives. Elle n'a qu'une envie en écoutant les gens parler : s'investir dans chacune d'elles. Voilà qui aurait beaucoup plus de sens à ses yeux que la gestion financière ou le marketing sportif !

Après le débat, Amandine et Théo sortent du cinéma. L'air est doux. Le printemps s'est définitivement installé en ce début du mois de mai.

– Je te raccompagne ? propose Théo avec un sourire enfantin.

– À pied ? Ça fait une trotte d'ici !

– Justement, ça me permet de rester plus longtemps avec toi, je n'ai pas du tout envie de te quitter.

Décidément, ce garçon fait mouche à chaque réplique.

– Alors chère Amandine, quel est le moment que tu as préféré dans ce film ?

– Dur de choisir… j'ai déjà envie de le revoir ! J'ai adoré le passage en Inde. J'avais une image d'un pays poussiéreux et sale, j'ai été surprise de voir à quel point il peut être verdoyant ! Et cette femme… Vanda… ?

– Vandana Shiva, la reine des graines ! Elle est célèbre dans le monde entier pour sa lutte pour garder les semences libres en attaquant contre les multinationales qui ne pensent qu'au profit.

– Je ne connaissais pas du tout son combat. C'est tellement dingue de penser qu'on peut forcer des agriculteurs à racheter chaque année des graines alors que depuis toujours les paysans gardent une partie de leur récolte pour planter l'année suivante.

– Le monde marche sur la tête ! C'est pour ça que ce genre de films est indispensable pour mettre en lumière ces gens qui se battent pour le bien de tous, pour arrêter la domination de quelques-uns sur le reste de l'humanité et qu'on puisse reprendre le pouvoir.

– Tu penses qu'on peut y arriver ?

– Je l'espère en tout cas. J'aime bien le passage où Bruce Lipton raconte que notre monde est le reflet de nos pensées, et que si l'on se met tous à penser différemment, le monde sera différent.

– C'est tellement vrai ! Mais comment faire pour changer le regard des gens ? Cela me paraît impossible. Quand je vois ma mère par exemple, elle est obsédée par le fric et la réussite. Elle n'a aucune trace de spiritualité dans sa façon de penser et d'agir. Pourtant, sa mère est Hari Krishna à bloc.

– Ah bon ? C'est marrant ça !

– Oh oui, ma grand-mère est trop rigolote, elle te plairait je pense…

– Tu me la présentes quand tu veux.

Alors qu'ils marchent dans les ruelles étroites de Bordeaux, ils croisent toutes sortes de gens : étudiants, jeunes parents avec des poussettes, personnes promenant leurs chiens en fumant une cigarette… Chacun

Tout le monde ne raffole pas des brocolis

semblait profiter de la douceur retrouvée après un hiver particulièrement froid. Je me demande si tous ces gens ont conscience de l'urgence écologique dans laquelle nous vivons... pense Théo à voix haute.

– Je me pose la même question ! J'ai tellement l'impression que tout le monde s'en fout et vit dans sa bulle... Tu as vu ces chiffres avec toutes les espèces animales en voie de disparition ? On pense toujours au lynx ou au lion, mais même chez nous il y a plein d'espèces d'oiseaux qui disparaissent... et personne n'en parle. Comme s'il y avait les animaux d'un côté et nous de l'autre, sans aucun lien.

– Les gens ne réalisent pas à quel point nous sommes dépendants de la nature et des services qu'elle nous rend. Gratuitement en plus ! Cela dit la salle de ciné était pleine et les personnes qui ont pris la parole avaient l'air de vraiment vouloir faire bouger les choses.

– Oui, c'est rassurant. Mais nous sommes trop peu nombreux. Moi ça fait très peu de temps que je me pose ce genre de questions. Jusqu'ici je vivais ma petite vie tranquille, sans me soucier des conséquences de mes actes. Je suis en train de plonger dans un nouveau monde inconnu. Aujourd'hui, c'est grâce à toi que je découvre toutes ces initiatives. D'ailleurs, merci de m'avoir emmenée voir ce film. Je n'y serais jamais allée seule !

– Ne me remercie pas. Je suis bien content de l'avoir découvert en si charmante compagnie.

Le chemin se poursuit dans une alternance de compliments, rougissements, réflexions sur l'état du monde, récits d'enfance... En arrivant devant la porte de sa maison, Amandine a l'impression de connaître Théo depuis toujours.

– Je ne te fais pas rentrer, ma mère est sûrement là, je ne suis pas super à l'aise.

– Pas de souci. Je te souhaite une bonne nuit Amandine, fais de beaux rêves.

Théo embrasse tendrement la jeune fille sur la joue, ce qui suffit à l'enflammer une dernière fois.

– Bonne nuit, Théo, à bientôt... souffle-t-elle en s'engouffrant à l'intérieur de son jardin.

Une fois la grille refermée, Amandine porte la main à son cœur bondissant et lève les yeux vers les étoiles. L'une d'elles semble clignoter. La jeune femme ne peut s'empêcher d'y voir un signe.

11

Chère Corinne,

Je vous félicite pour la remise en question de votre hygiène de vie que vous avez démarrée en venant me voir. Il n'est pas simple de changer. Mais avec un peu de temps et d'enthousiasme, vous allez vite vous rendre compte que c'est pour le mieux.

Vous trouverez ci-après des conseils à suivre pour votre vie de tous les jours. Je vous en ai donné certains pendant la consultation, je complète avec d'autres.

Corinne dépose le papier à plat sur le plan de travail de sa cuisine pour lire les indications de la naturopathe. Elle ouvre ses placards, prête à en découdre avec ses réserves de produits industriels. Elle se remet à lire.

Au réveil, testez pendant deux semaines (minimum) le jus d'un quart de citron dilué dans de l'eau tiède. Cela vous permettra de remettre en route votre système digestif après le jeûne de la nuit et peut-être de vous ouvrir l'appétit pour petit-déjeuner. Sur le long terme, le citron aide à nettoyer le foie, souvent malmené par l'alimentation industrielle.

Le citron, je le préfère dans mon gin-tonic plutôt qu'au réveil, mais bon…

Puis prenez une douche en terminant par un jet d'eau froide en remontant le long des jambes. Oui, oui, même l'hiver, courage c'est bon pour la circulation sanguine !

Pas sûr que je le fasse souvent ça…

Une fois que vous êtes habillée, voyez si l'appétit est là. Si ce n'est pas le cas, surtout, ne vous forcez pas. Allez au bureau, évitez la case expresso sur un estomac vide et mangez seulement si vous avez faim. Notez si l'appétit évolue au fil des jours. Vous pouvez utiliser un petit carnet, cela nous servira pour faire le bilan.

L'idéal est de manger gras le matin : du fromage, des œufs, du poisson... Évitez le sucre sinon c'est le coup de pompe assuré en fin de matinée. Voyez ce qui vous fait envie, sans forcer. Et je vous invite à découvrir les purées d'oléagineux – amandes, noisettes, sésame... –, délicieuses sur une tartine de pain complet grillée et pleines de bons nutriments !

De la purée d'amande... jamais entendu parler !

Le placard de Corinne n'est guère rempli mais il ne contient rien de recommandé par la naturopathe. En revanche, confitures, céréales industrielles et pâte à tartiner sont bien présentes... à côté des capsules de café. Corinne décide de les garder pour sa fille. À part quelques rondeurs, Amandine n'a pas vraiment de soucis de santé, elle n'est pas obligée de suivre ces conseils diététiques. Et vu leur relation en dents de scie, la quinquagénaire se dit qu'il vaut mieux éviter une nouvelle source de conflits en supprimant ses petits plaisirs du matin.

Corinne reprend le fil de sa lecture. Elle a l'impression d'entendre la voix pétillante de Solange.

Essayez d'intégrer quelques étirements dans votre « routine » du matin afin de remettre votre corps en mouvement, tout en douceur. Si vous démarrez la pratique du yoga comme nous en avons parlé à l'entretien, vous connaîtrez rapidement quelques enchaînements à faire. Sinon, pensez à faire des petits mouvements de tête, sur la gauche, la droite, pour libérer vos cervicales qui sont mises à mal pendant les journées entières devant l'ordinateur.

Et que diriez-vous de laisser la voiture pour vous rendre à pied ou à vélo à votre bureau ? Bouger un peu plus fera du bien à l'ensemble de votre corps, de votre esprit... et à votre ventre !

Alors ça, c'est la meilleure ! Moi qui déteste ces foutus cyclistes, elle veut me mettre sur un vélo... Je veux bien faire quelques efforts, mais faut pas pousser mémé dans les orties ! Bon, c'est quoi la suite ?

Pour le déjeuner, je vous invite à regarder votre assiette et la diviser en quatre. Voici ce qu'elle doit comporter :

- ¼ de légumes crus de saison (râpés, en rondelles... avec une vinaigrette riche en oméga 3 dont je vous donne la recette en annexe)

Tout le monde ne raffole pas des brocolis

- ¼ de légumes cuits de saison
- ¼ de protéines (viande, poissons, œufs si vous en mangez, mais aussi tofu, combinaison végétarienne)
- ¼ de céréales (riz, millet…) ou de légumineuses (lentilles, pois chiches, soja…)

L'idéal est de composer vous-même votre repas à la maison, mais même au restaurant, il est possible de suivre ce schéma. Attention aux proportions !

Évitez le dessert et le café. Idéalement, on ne boit pas pendant le repas et on évite de boire chaud en fin de repas.

Eh bien… Ça va être simple cette histoire encore.

Préparer ses repas alors qu'elle ne cuisine pratiquement jamais n'enchante guère Corinne. Mais son ventre est si douloureux qu'elle est prête à tout essayer, même cuisiner. Il y a un petit frigo dans la cuisine de son entreprise. Elle y garde toujours des bières au frais (elle aime en déguster une en fin de journée) et du champagne pour fêter les gros contrats. Elle pourrait y glisser également des petites boîtes avec son repas du jour. Il suffirait de cuisiner la veille au soir. Cela ne doit pas être si sorcier après tout…

Vous allez voir qu'il y a aussi des bons côtés à cette hygiène alimentaire comme le goûter ! Eh oui, comme pour les petits, le goûter, c'est permis :)

Il ne s'agit pas d'avaler un paquet entier de petits-beurre mais plutôt de savourer un en-cas sucré qui vous permet de tenir jusqu'au dîner sans grignoter. Avec, par exemple, une poignée d'amandes et un carré de bon chocolat noir à 70 % de cacao. Ou un fruit. Ou exceptionnellement une part de gâteau maison. Vous avez le droit de vous faire plaisir vers 17 heures, c'est votre organisme qui le réclame naturellement.

Là elle sait me parler la petiote. Je vois bien me garder des petits plaisirs dans mon tiroir et faire une petite pause en fin d'aprèm. Enfin une bonne nouvelle !

Pour le dîner, même principe qu'au déjeuner, mais végétarien. On évite les protéines animales pour ne pas surcharger la digestion et mieux dormir. Vous pouvez également finir par un carré de chocolat noir. Si vous n'avez pas faim à cause du goûter, ne mangez pas. Qui dort dîne !

Tentez également les mono diètes : on ne mange qu'un seul aliment pendant une durée déterminée. Vous pouvez démarrer sur un dîner. Pomme, raisin, riz, banane… Selon vos goûts et votre envie du jour. Cela met le système digestif au repos et vous vous réveillerez sans doute plus facilement. Et c'est idéal quand on a la flemme ou peu de temps pour se préparer à manger !

Ah ça aussi, c'est une bonne idée, tiens ! Pas drôle mais simple à faire.

Voilà Corinne pour le début de ces nouvelles habitudes. Ne faites pas tout d'un coup. Essayez, variez les plaisirs, amusez-vous ! Voyez ces astuces comme une aventure à vivre pour vous sentir mieux.

On se revoit dans 45 jours pour faire le point.

Amusez-vous bien !

Solange

Amusez-vous bien, tu parles ! Je veux bien faire des efforts, mais manger des graines me fait quand même plus penser à ma baba cool de mère qu'à des réjouissances gastronomiques…

Corinne scotche le papier sur son placard à provisions. Cela lui servira de pense-bête, mais aussi d'empêcheur de craquer. Il va falloir aller faire des courses maintenant. L'idée d'entrer pour la première fois dans un magasin bio, au moins, la fait sourire. Peut-être rencontrera-t-elle un vendeur avec un poncho péruvien à ajouter à son tableau de chasse ?

J'espère au moins qu'il n'y aura pas de vieux relents de patchouli…

Amandine rentre de sa journée à l'école de commerce. Elle semble d'une humeur massacrante. Corinne la revoit petite fille avec ses couettes lorsqu'elle lui racontait sa journée d'école avec enthousiasme en mangeant son goûter. *Comme le temps file…*

– Bonsoir, ma chérie, ça n'a pas l'air d'aller…

– Non, ça ne va pas. Je me suis encore fait saquer par cet enfoiré de prof de gestion financière. Il m'a foutu un 8 alors que j'avais bossé comme une malade.

– Ah ça, c'est la vie ma chérie, les profs sont durs pour qu'on continue à se donner du mal.

– Non ce n'est pas normal ! Les profs devraient encourager les étudiants, c'est sans doute beaucoup plus constructif que de les briser ainsi.

– Dis-toi que la prochaine fois tu auras une meilleure note.

– Mais pourquoi tu prends toujours tout à la légère comme ça Maman ? Tu vois bien que je sature de cette mentalité de merde entre la prépa et l'école de commerce. J'ai besoin d'air, je sors ce soir.

Tout le monde ne raffole pas des brocolis

– Tu vas où ?

– Je ne sais pas encore, je vais sans doute retrouver Théo.

La jeune femme prend son téléphone pour lui envoyer un SMS. Il lui répond aussitôt.

– T où ?

– À la Maison écocitoyenne. Soirée des Colibris.

– Connais pas le lieu. C sur quel thème ?

– Finance solidaire. Tu viens ?

– OK !

Amandine regarde sa mère. Elle aurait tant de choses à lui dire. Mais ce soir, elle n'en a pas le courage.

– À plus tard, Maman, bonne soirée.

Quand Amandine arrive à la Maison écocitoyenne, la soirée bat son plein. Ce lieu catalyse les initiatives publiques, citoyennes et associatives autour de l'environnement. On peut y voir des expositions, des films, participer à des ateliers de toute sorte... Et tout est gratuit. L'étudiante y entre pour la première fois. Elle est aussitôt charmée par la charpente en bois clair qui donne un air de bateau au bâtiment. Elle descend quelques marches et parvient à se frayer un chemin parmi les nombreuses personnes venues se renseigner sur l'épargne solidaire et les différentes pistes pour donner du sens à son argent.

Théo l'accueille avec son large sourire et une tendre bise sur la joue.

– Viens par là, je vais te montrer les différents stands pour une séance de rattrapage express. Ici, c'est Terre de liens. L'argent que tu leur confies sert à acheter des terres agricoles pour que de jeunes agriculteurs puissent s'installer. Le plus souvent des néopaysans qui veulent faire du bio et ne sont pas issus de familles d'agriculteurs.

Théo prend Amandine par la main pour l'entraîner vers un autre stand. Sa main est chaude et douce. Celle d'Amandine tremble un peu.

– Là, c'est le stand d'Énergie partagée qui a pour vocation d'accélérer la transition énergétique. En épargnant chez eux, tu aides des projets d'économies d'énergie et d'énergie renouvelable à émerger. Par exemple, l'installation d'un toit photovoltaïque sur un gymnase dans une petite commune, la mise en place d'éoliennes ou la fabrication d'un barrage hydraulique.

L'endroit est bondé. Amandine se sent une nouvelle fois soulagée de voir que ces sujets trouvent écho auprès d'un large public. Théo lui présente un troisième stand. Il s'agit cette fois d'une institution qui finance des associations ou des jeunes entreprises ayant besoin d'un coup de pouce pour se lancer.

– Tu vois, l'argent ce n'est pas toujours sale, lance le jeune homme dans un sourire.

– Je n'ai jamais dit le contraire ! se défend l'étudiante. Ce que je n'aime pas, c'est l'étalage. Mais si on peut donner du sens à son argent et faire émerger des projets intéressants, là, ça me parle carrément.

Amandine fait le plein d'initiatives enthousiasmantes. En bonne élève, elle note tout dans le petit carnet dont elle ne se sépare jamais. Elle y reviendra sans doute pour un exposé. Cela ne fera pas de mal à ses petits camarades de l'école de commerce de savoir qu'on peut épargner utile et pas seulement pour son enrichissement personnel…

Quand la rencontre se termine, Théo la raccompagne à l'arceau où elle a attaché son vélo.

– Merci, Théo, j'ai passé une soirée géniale. Cela fait deux fois de suite que je découvre des choses superbes grâce à toi, je ne sais comment te remercier.

Le jeune homme se penche vers elle et dépose un tendre baiser sur ses lèvres. Amandine ne sent plus le sol sous ses pieds.

– Tu pourrais me remercier en venant dîner avec moi demain soir ? J'aimerais beaucoup te revoir. Et te revoir encore.

– Moi aussi, j'avoue.

– On se dit à demain alors ? Tu me dis où et à quelle heure et je serai là. Bonne nuit ma belle.

– Bonne nuit Théo…

Amandine enfourche son vélo. Pour un peu elle pourrait s'envoler comme Elliot avec E.T. l'extraterrestre.

12

Charlotte est nerveuse. C'est aujourd'hui qu'elle va visiter l'exploitation maraîchère de Rémi pour la traditionnelle « journée AMAP ». Plusieurs fois dans l'année, des adhérents de l'association se réunissent pour donner un coup de main à l'un des petits producteurs qu'ils soutiennent. Cela permet de les aider dans leurs activités et de maintenir la cohésion du groupe sur le long terme.

Comme la jeune femme l'avait prédit, Alexandre n'a pas voulu l'accompagner. Elle lui a alors demandé de garder Lila pour pouvoir rester libre de ses mouvements et en profiter au maximum. Le jeune papa a accepté avec joie, les occasions d'avoir sa fille pour lui tout seul sont si rares... Il a prévu une journée de fête : tour de manège, balade au parc Bordelais et une bonne glace pour clôturer le tout.

Mais l'anxiété de Charlotte n'est pas seulement liée au fait de laisser sa fille. Découvrir l'univers de Rémi, passer du temps à ses côtés, toucher la même terre que lui... Voilà ce qui la perturbe au plus haut point. Elle sent que cette journée peut changer pas mal de choses... et pas seulement sa vision de l'agriculture.

La jeune maman s'est organisée pour y aller en covoiturage avec Stéphane, son chaleureux voisin, et son fils de sept ans, Enzo. Ils vivent seuls tous les deux depuis le départ soudain de la compagne de Stéphane alors que leur bébé avait à peine six mois. La jeune femme ne se remettait pas d'un profond baby-blues et avait quitté le domicile conjugal pour « se retrouver ». Elle n'est pas revenue et n'a plus jamais donné de signes de vie. Charlotte, pour qui le monde a changé à la naissance de sa fille, a beaucoup de mal à concevoir qu'on puisse abandonner son enfant. Mais Stéphane en parle de façon décomplexée et le petit Enzo est un rayon de soleil, heureux de vivre et curieux de tout.

Charlotte ne peut empêcher une grimace lui déformer le visage en entrant dans la voiture de son voisin. Elle empeste la citronnelle.

– C'est pour éloigner les moustiques, j'en fous partout, tout le temps! l'informe le quadragénaire dans un sourire.

Enzo s'installe à l'arrière de la voiture, un livre sur la création du potager sur buttes à la main. Il est impatient de découvrir l'exploitation maraîchère de Rémi car il se passionne depuis quelques mois pour la vie intense des sols grouillant de lombrics et de cloportes... quand la terre n'est pas arrosée de pesticides.

– Alors Charlotte, prête pour le grand jour, demande Stéphane, alors qu'il démarre le moteur. C'est ta première journée AMAP n'est-ce pas?

– Eh oui! À Paris, j'ai acheté mes légumes à la supérette du coin pendant des années. Je ne me suis jamais trop posé la question de comment ça poussait ou le travail que ça demande avant d'adhérer à l'AMAP. Je n'y connais rien du tout!

Ça va te plaire, j'en suis sûr. Et puis l'exploitation de Rémi vaut le coup d'œil. Comme il travaille en permaculture, tout est pensé, réfléchi. Chaque chose a sa place. C'est très beau visuellement!

– Justement, je n'ai jamais osé poser la question de peur de passer pour une idiote mais... c'est quoi exactement la permaculture?

– Mais faut oser ma belle, il n'y a jamais de question bête! La permaculture s'inspire des écosystèmes naturels. Si on prend l'exemple d'une forêt, elle pousse toute seule, sans aide de l'Homme. Elle ne génère aucun déchet. En revanche, c'est tout un système hyper organisé.

– Ah ça c'est sûr que question déchet, les humains font très fort... alors que la nature n'en produit pas!

– Exactement. La permaculture suit des « *designs* », c'est-à-dire des modèles à appliquer sur le système. On peut l'appliquer à une organisation dans le travail par exemple. Mais c'est vrai que c'est dans l'agriculture qu'on en entend le plus parler.

– Alors c'est quoi une exploitation maraîchère « permaculturelle »?

– Eh bien dans un potager « classique » tout est bien aligné, chaque légume a son rang. En perma, on n'hésite pas à mélanger les genres pour multiplier les collaborations. Ainsi les tomates qui ont besoin de beaucoup de soleil vont grimper et faire de l'ombre aux cucurbitacées

Tout le monde ne raffole pas des brocolis

qui ont besoin de plus de fraîcheur. Tout l'espace est pensé, il doit y avoir des points d'eau naturels, des vergers. Souvent l'exploitation est d'abord dessinée sur le papier autour de grands cercles. On va chercher l'optimisation des distances, la logique d'entraide... Le poulailler, très important, sera proche de la maison pour pouvoir accéder facilement aux animaux pour leurs soins quotidiens.

– Parle-lui aussi des serres papa! intervient Enzo, qui ne rate pas une miette de la conversation entre les deux adultes.

– Oui, tu as raison mon grand. Rémi a d'excellentes idées pour bidouiller et mettre en place plein de petites astuces pour faire pousser ses légumes sans trop d'efforts. Dans la serre dont parle Enzo, il fait pousser des herbes aromatiques hors sol grâce à de l'aquaponie. Mais je ne veux pas te remplir trop la tête avec tous ces concepts, tu vas mieux te rendre compte quand nous serons sur place.

La conversation se poursuit autour de l'alimentation, mais prend vite une nouvelle tournure sur l'éducation des enfants, l'école, l'avenir... Stéphane est un compagnon de route fort agréable et Charlotte ne voit pas le temps passer. Quarante minutes se sont écoulées depuis leur départ de Bordeaux et déjà ils arrivent sur les terres de Rémi, au cœur de l'Entre-deux-Mers, région également nommée «la petite Toscane». Et pour cause: des collines verdoyantes, des maisons en pierre blonde, des vignes à perte de vue... Charlotte se sent bien loin de sa ville!

Après s'être garée sur le petit parking réservé aux visiteurs de la ferme, la jeune femme découvre enfin l'exploitation de Rémi. Au premier regard, elle est déjà sous le charme.

– Salut, Stéphane, alors la route fut bonne?

Rémi, tout sourire, vient à la rencontre de ses hôtes qui sortent de la voiture en se dégourdissant les jambes. Il s'approche de Charlotte.

– Bonjour, Charlotte, alors que penses-tu de mon royaume? Serait-il assez beau pour une reine comme toi?

Charlotte, rouge pivoine comme à chaque fois que Rémi lui adresse la parole, se baisse pour attraper son chapeau de paille et son sac sur le siège arrière, respire un grand coup et se relève le cœur un peu moins palpitant.

– C'est magnifique Rémi. Je savais que ce serait beau, mais j'avoue que je suis conquise.

— Et tu n'as encore rien vu! Allez, venez, je vous fais le tour du propriétaire avec les autres!

La ferme semble immense et parfaitement rénovée. Un auvent la prolonge et permet de disposer d'un espace abrité. Une longue table y est installée, comme une promesse d'interminables déjeuners entre amis. Juste à côté de la maison, on distingue le poulailler, une mare avec quelques canards et la fameuse serre. Un peu plus loin, comme le deuxième cercle dont parlait Stéphane dans la voiture, se trouvent quelques cochons dans un enclos et le potager. Encore plus loin, des arbres fruitiers semblent former une barrière pour protéger tout ce petit monde.

Charlotte est enchantée. Rémi, quant à lui, est joyeux, enjoué et drôle. Il ne rate aucune occasion pour faire un jeu de mots ou raconter une blague. La jeune femme rit de bon cœur, parfois un peu nerveusement quand le regard du maraîcher se fait un peu trop insistant.

— Maintenant que tout le monde est là, on va passer aux choses sérieuses! lance Rémi à la cantonade. Aujourd'hui, je vous propose qu'on récolte des fruits rouges, des pommes de terre et des asperges. Après le déjeuner, nous nous occuperons des petits travaux à faire comme réparer l'enclos des cochons et refaire le grillage du poulailler. Nous sommes dix, je vous propose de nous répartir en cinq binômes et je viens vous donner vos missions. Charlotte, j'ai besoin de mains délicates pour récolter les herbes aromatiques dans la serre, ça te tente?

— Heu... oui bien sûr, répond Charlotte à deux doigts de la syncope.

Il n'est que 10 h 30 mais elle meurt de chaud. À moins que ce ne soit son cœur qui s'emballe à l'idée de se retrouver seule dans la serre avec Rémi.

Une fois les missions réparties et les outils distribués, chaque petit groupe se dirige vers son lieu assigné. Charlotte, les mains moites, s'avance vers la serre. À peine à l'intérieur, la chaleur et l'humidité lui sautent à la gorge.

— Il fait chaud mais on s'y fait vite, tu vas voir. Et puis on ne va pas rester deux heures non plus hein, la rassure Rémi dans un coup de coude.

De grands bacs de bois sont superposés au-dessus de bassins. Le jeune agriculteur raconte à Charlotte le principe de l'aquaponie. Dans les bassins vivent des truites. Leurs déjections servent d'engrais aux cultures. L'eau est traitée grâce à d'autres plantes et revient en boucle dans les

Tout le monde ne raffole pas des brocolis

bassins. Ici poussent de nombreuses variétés d'herbes aromatiques particulièrement appréciées par les grands chefs de la région : persil, coriandre, ciboule, sauge, cerfeuil, basilic, estragon…

– J'ai trois commandes pour le déjeuner dans des restos renommés du coin. Fraîchement cueillies et aussitôt utilisées. Mon livreur vient les chercher à 11 heures pour leur déposer aussitôt.

La jeune maman et le paysan coupent des brins d'herbe en prenant soin de ne rien arracher. Ils travaillent en silence, côte à côte, leurs bras se frôlant régulièrement. Les herbes aromatiques diffusent leurs arômes en se laissant couper. Une odeur presque enivrante.

Alors que Rémi l'effleure à nouveau en déposant un carton rempli sur le plan de travail, Charlotte prétexte un besoin d'air frais pour sortir de la serre. Toutes ces odeurs et cette chaleur lui montent à la tête. Elle ne se sent plus maîtresse d'elle-même.

Rémi la rejoint rapidement et, après s'être enquis de savoir si tout allait bien, invite le reste de la petite troupe à passer à table. La douzaine de participants à cette journée découverte se retrouve autour d'une grande tablée dressée sous les chênes centenaires, face à une vue à couper le souffle sur la campagne environnante. Chacun a apporté un plat à partager. Tous ont fait montre de créativité. Rémi complète le tout avec une salade de tomates justes cueillies. Il a planté une vingtaine de variétés de tomates anciennes, chacune ayant des propriétés gustatives et culinaires bien à elles. Le jeune homme rehausse le tout avec une huile d'olive de Corse pressée à froid, du basilic et de l'ail des ours de la serre. Un régal pour les yeux et les papilles.

Le reste de l'après-midi file à toute allure et c'est déjà l'heure de rentrer à la maison. Charlotte quitte à regret ce domaine qu'elle ne connaissait pas encore le matin même. La journée était bon enfant, simple et douce… mais, malgré elle, elle a comme un doute. Pourquoi Rémi n'a-t-il pas tenté de l'embrasser dans la serre ?

Mais je deviens folle ou quoi ? Je suis en couple et mère de famille, je ne vais sûrement pas remettre toute ma vie en question pour un homme qui fleure bon la ciboulette ! Ressaisis-toi ma Charlie, quel modèle veux-tu donner à ta fille… ?

13

Corinne écoute la septuagénaire avec un mélange de scepticisme et de curiosité. Elle s'est rendue à ce cours de cuisine «bio, végétarienne et sans gluten» sur les conseils de sa naturopathe. Quand celle-ci lui en a parlé, Corinne était pleine d'enthousiasme. Mais une fois arrivée sur place, elle se demande ce qu'elle fait là. Elle, l'adepte des plats industriels, risque d'entendre ses oreilles siffler parmi ces aficionados du tout «fait maison».

Elle doit tout de même admettre que Mireille est une publicité vivante pour l'alimentation saine qu'elle prône. Fine, élégante, souriante, volubile, on lui donnerait facilement dix ans de moins, et rien que ça, ça force le respect…

La professeure de cuisine est assise dans un fauteuil recouvert d'un beau tissu en lin brut assorti de quelques coussins brodés de fleurs blanches. La maison dans laquelle elle a installé son école a tout d'un cottage anglais. Lambris de couleur blanche, habillés d'aquarelles figurant la campagne verdoyante, bougies parfumées à la lavande, bouquets fraîchement composés, petits guéridons sertis de dentelle. Au dehors, un jardin ombragé grâce à une tonnelle fleurie complète le tableau. On se sent bien loin de Bordeaux! Et pourtant, on est à deux pas des quais de la Garonne.

– Depuis que je me nourris de cette cuisine «vivante», je n'ai plus jamais mal au ventre ni aux articulations. Et j'ai une pêche d'enfer! Plus surprenant encore, je n'ai plus besoin de mettre de la crème sur les pieds. Moi qui avais les pieds secs comme tout, j'ai désormais des petons de bébé!

Corinne jette un œil aux autres participants assis autour d'elle. Une quinzaine de femmes et un homme boivent les paroles de l'enseignante. Il y en a de toutes sortes, des trentenaires aux yeux cernés – des jeunes mamans à n'en pas douter –, des femmes d'un certain âge coquettes à souhait, des quadragénaires pétillantes... et cet homme, venu visiblement avec son épouse et qui semble ne pas rater une miette de ce que raconte l'adepte de cuisine végétale.

– Quand j'ai eu mes enfants, mon repas préféré était le saucisse-purée. Je peux vous dire que cela a bien changé depuis!

Éclat de rire général. Corinne se demande si elle n'est pas tombée dans une secte avec à sa tête un gourou en chemisier de soie. Mais la personnalité chaleureuse de Mireille la convainc rapidement d'en savoir plus, juste pour l'envie de lui ressembler au même âge.

– J'ai toujours eu un penchant pour la cuisine «santé», mais prise dans le tourbillon de la vie je n'ai jamais vraiment pris le temps de m'y pencher. Et puis un jour, mes enfants assez grands, je suis tombée sur un livre du Dr Kousmine, que vous connaissez peut-être. Je l'ai dévoré... et j'ai tout changé! Comme ça, du jour au lendemain!

Catherine Kousmine... La naturopathe m'avait parlé de cette femme médecin suisse qui a théorisé sur l'alimentation au début du XXᵉ siècle. Il faudrait que je lise un de ses bouquins...

– Mais ça n'a pas été trop dur? demande une brunette, les yeux ronds comme des billes.

– Eh bien ça n'a pas été simple tous les jours. Mais, comme j'ai vu ma santé s'améliorer et mes petits soucis s'envoler, je n'ai jamais douté. Je me suis formée, j'ai beaucoup lu, expérimenté, tâtonné... J'ai testé la macrobiotique, le tout-cru, le régime cétogène, le jeûne... Je suis mon propre cobaye, encore aujourd'hui! Et un beau jour je me suis décidée à ouvrir ma propre école. Jamais je n'aurais imaginé faire cela... et ça fait dix ans cette année!

Des «oh» et des «ah» fusent dans l'auditoire, des hochements de tête aussi. On peut dire que Mireille sait y faire pour capter l'attention.

– Allez mes amis, assez parlé de moi. Il est temps de passer au cours proprement dit. Aujourd'hui, nous allons nous attarder sur le gras mais attention, le bon gras, celui qui fait du bien au corps et au cerveau!

Tout le monde ne raffole pas des brocolis

— Eh bien, ravie de le rencontrer, je ne savais pas qu'il existait! s'exclame Corinne, surprise elle-même d'avoir soudainement pris la parole.

— Mais oui, les lipides, c'est leur nom, sont très importants et font beaucoup moins grossir que les sucres. L'important est de les consommer au bon moment. Avez-vous entendu parler de la chrononutrition?

— Oh oui, ma belle-sœur a perdu douze kilos en suivant ce régime! s'exclame une dame d'un certain âge.

— Je n'aime pas parler de régime, reprend Mireille. Il s'agit plutôt de comprendre comment fonctionne l'organisme et de lui donner ce dont il a besoin au bon moment.

Mireille continue son exposé en expliquant pourquoi il est important de manger «gras» le matin en évitant à tout prix le sucre qui provoque des pics de glycémie dans le sang et entraîne inévitablement des sensations de faim.

— Il y a trois sortes d'acides gras: les acides gras saturés, les mono-insaturés et les polyinsaturés. Vous trouverez le détail de tout cela dans la documentation que je vais vous donner, je ne veux pas vous perdre en chemin. Mais retenez bien que nous avons besoin du gras contenu dans les huiles biologiques comme la cameline, le lin, le chanvre mais aussi dans les oléagineux comme les noix, les noix du Brésil, les amandes... Les poissons gras en contiennent aussi, mais personnellement, je n'en mange pas. Mais vous n'êtes pas obligés de faire comme moi!

Corinne boit les paroles de Mireille. Elle qui ne connaît que les cacahuètes salées de l'apéro s'engouffre dans un nouveau monde qu'elle avait juste entraperçu avec la naturopathe.

Mais c'est surtout au moment du passage en cuisine que la «révélation» a lieu. Corinne se surprend elle-même à se porter volontaire pour cuisiner le plus possible, elle qui a toujours détesté cela. Sans doute est-elle portée par le lieu, la professeure et l'enthousiasme général des participants.

Au programme, l'élaboration de quelques recettes à rassembler pour un petit-déjeuner idéal avec un pain de mie maison, des œufs brouillés sans œufs, des petites crêpes à la farine de riz, un cake au quinoa et aux petits légumes et la confection d'un lait d'amandes. Chaque participant enfile un tablier et se place autour du plan de travail pour démarrer les recettes. Sur les étagères au-dessus de l'évier, des dizaines de bocaux parfaitement alignés sont remplis de toutes sortes de graines : lentilles, pois chiches, amandes, noix de cajou, riz, quinoa… Corinne s'étonne de la variété des préparations et la facilité avec laquelle Mireille passe d'une recette à l'autre.

Le cours de cuisine se déroule dans une bonne humeur presque enfantine. Chacun partage ses astuces en cuisine, son vécu par rapport à la nourriture. Corinne découvre la cuisson à la vapeur douce, l'importance de varier les huiles végétales – et pourquoi il ne faut pas les chauffer ! –, goûte de nouveaux ingrédients… Elle écoute plus qu'elle ne parle, peu à l'aise avec le fait de raconter qu'elle se nourrit quasi exclusivement d'expressos bien serrés et de plats surgelés.

Après la préparation et la cuisson de l'ensemble des recettes, tout le monde s'installe autour de la table pour partager le festin préparé ensemble. Un délice ! Corinne se régale de toutes ces nouvelles saveurs. Elle s'imagine déjà en train de préparer des petites galettes fourrées à la purée d'amande pour sa fille. Amandine en serait subjuguée !

Pendant le repas, les discussions vont bon train sur la santé, les dérives de l'industrie agroalimentaire et les crises environnementale et sociale de l'époque. Tout le monde s'accorde à dire que la société occidentale crée ses propres maladies à cause de la malbouffe et qu'une des solutions est de cuisiner soi-même pour savoir ce que l'on mange. Corinne partage cette grande méfiance par rapport aux produits des supermarchés. Elle qui a toujours fait confiance aux « grandes marques » sans se poser la moindre question commence à avoir de sérieux doutes en écoutant ses camarades du jour.

– Vous avez vu cette étude sur les aliments « ultra transformés » ? lance le seul homme du groupe. Les plats congelés, les soupes en brique, les petits pains emballés… Il paraît qu'en plus de favoriser le diabète et l'hypertension, ils augmenteraient aussi le risque de cancer.

Bingo ma Coco, c'est à peu près la base de ton alimentation…

– Cela ne m'étonne pas du tout, rétorque Mireille dans un soupir. Il faut bien comprendre qu'on ne mange pas seulement pour se remplir l'estomac. En mangeant, nous nourrissons chacune de nos cellules. Si chaque cellule trouve ce dont elle a besoin, nous sommes en bonne santé. En revanche, si l'on ne se nourrit que de plats transformés et bourrés de sel, colorants, conservateurs, les cellules ne savent plus trouver leur carburant « normal » et s'affolent. C'est d'une logique

Tout le monde ne raffole pas des brocolis

implacable, voilà pourquoi j'invite à cuisiner soi-même. Quand on sait ce qu'on mange, on se fait forcément du bien !

C'est limpide. Et pourtant, Corinne n'avait jamais envisagé les choses sous cet angle. Pour elle, faire les courses et manger sont des corvées. Des obligations dont elle ne tire aucun plaisir. L'exposé de Mireille et les recettes testées pendant la matinée pourraient bien de lui faire changer d'avis.

À la fin du cours, la quinquagénaire remercie chaleureusement son hôtesse et la félicite pour la beauté de sa maison et la finesse de sa cuisine. Elle lui promet de revenir bientôt. Mireille lui glisse dans un sourire qu'elle est sur la bonne voie.

Sur le chemin du retour, Corinne chante à tue-tête dans sa Mini. Elle se sent légère, détendue, elle n'a pas mal au ventre. C'est comme si elle s'était nourrie de l'énergie du groupe en plus des recettes végétariennes. Elle n'en revient pas elle-même d'avoir autant accroché.

En arrivant devant chez elle, elle croise Charlotte qui rentre de la journée chez Rémi. Les deux voisines ne se sont pas revues depuis leur altercation au sujet des mégots jetés par Corinne dans le caniveau. Cette dernière, sur son petit nuage, tente un rapprochement en abordant le sujet sur le ton de l'humour.

– Alors voisine, on fume le calumet de la paix ? Sans mauvais jeu de mots bien sûr…

– Ah ah, très drôle le calumet de la paix, lui au moins, il ne fait pas de mégot ! Oui, on ne va pas rester sur cet épiphénomène pendant 107 ans ! Mais avouez que c'est n'importe quoi de jeter ses cigarettes par terre ! se défend Charlotte.

– Eh bien je vous avoue que cet épisode m'a fait réfléchir. Je n'avais jamais pensé à tout ça, mais de voir à quel point ça vous a heurtée m'a permis de reconsidérer les choses. Maintenant, je vois votre visage à chaque fois que j'écrase une clope !

Les deux femmes éclatent de rire. Charlotte raconte sa journée à la campagne, Corinne son cours de cuisine végétarienne. L'atmosphère s'adoucit peu à peu entre les deux femmes. La jeune maman, férue de cuisine « naturelle », lui propose un coup de pouce pour aller faire ses courses en magasin bio.

– Lundi matin, si vous avez du temps, je vous montrerai mes ingrédients préférés et je pourrais même vous donner mes petites astuces pour ne pas produire trop de déchets.

— Vendu ! Je vous avoue que je suis complètement perdue devant tous ces ingrédients estampillés bio. C'est du chinois pour moi !

Charlotte sourit intérieurement. Cette expression l'amuse depuis que son métis de compagnon est entré dans sa vie. D'ailleurs, dommage que Lila et ses petits yeux en amande n'étaient pas avec elle aujourd'hui finalement. Elle aurait tellement aimé parler aux truites, aux poules et renifler les herbes aromatiques !

Et Alexandre, lui, est-ce que je lui ai manqué ?

14

– Charlotte, je dois vous faire une confidence, je ne pensais pas qu'un magasin bio pouvait être aussi joli ! J'imaginais plutôt une petite épicerie ambiance URSS avec l'odeur caractéristique des huiles essentielles en prime...

Corinne vient à peine d'entrer dans le magasin qu'elle s'émerveille déjà de l'atmosphère agréable du lieu. Il faut dire que Charlotte a bien choisi son endroit pour ce baptême. Étagères en bois peint, éclairages doux, rayons bien achalandés, espaces conçus différemment pour délimiter les cosmétiques, les fruits et légumes, le vrac... Il y a même un petit coin pour les enfants où Lila, en fine connaisseuse, se précipite pour entamer un jeu de construction en bois. On est bien loin des magasins de « diététique » des années soixante-dix.

– Commençons la visite guidée ! propose Charlotte. Tous ces grands réservoirs contiennent les aliments secs que l'on peut acheter en vrac. Cela évite le suremballage, qui fait souvent payer le produit plus cher et surtout qui pollue énormément.

– Je comprends mieux d'où venaient tous les ingrédients dans les bocaux du cours de cuisine de Mireille !

Charlotte sort de son cabas une pochette avec plein de petits sacs en tissu soigneusement pliés. Elle en ouvre un en liberty pour le montrer à Corinne qui s'extasie aussitôt.

– C'est charmant dites-moi, c'est vous qui l'avez fait ?

— Malheureusement non, je ne sais pas coudre. Je l'ai acheté à une jeune femme qui en a fait son job à temps plein. Elle propose plein de tailles et de modèles différents, pour emballer le pain, les farines, le riz, les légumes… Elle les fabrique avec des chutes de tissus issus de la confection de vêtements. Une démarche «zéro déchet» jusqu'au bout!

— C'est une excellente idée! Allez, montrez-moi comment fonctionne cet engin…

Charlotte entrouvre le petit sac et le place sous le dévidoir des noix de cajou. Elle actionne doucement le levier pour le remplir sans qu'il ne déborde.

— Le secret, c'est d'y aller tranquillement, sinon vous êtes sûre d'en mettre partout. Vous voulez essayer avec le riz?

Corinne prend à son tour un petit sac, bleu ciel avec de gros pois blancs cette fois. Elle le place sous le dévidoir «riz de Camargue» et le remplit. Pas un seul grain ne tombe à côté. Elle est ravie et se prend au jeu:

— Qu'est-ce qu'on achète d'autre?

— Moi je n'ai besoin de rien… Mais vous? Voulez-vous en profiter pour acheter les ingrédients des recettes que vous avez apprises samedi à votre cours de cuisine?

— Je n'ai pas fait de liste… Je suis nulle en courses vous savez… Je prends toujours la même chose, j'ai mes petites habitudes au rayon «surgelés» de l'hypermarché. Allez, je vais prendre au pif, on verra bien ce que j'en ferai ensuite.

Après avoir rempli plusieurs petits sacs de quinoa cultivé en Anjou, de farfalles au blé semi-complet, de farine de châtaigne, de noix du Périgord, de lentilles vertes et corail, Charlotte guide Corinne dans les autres rayons pour lui montrer la diversité des ingrédients bio. Tout en jetant un œil vers sa fille, toujours très concentrée sur son jeu de Kapla.

— Au début, j'étais perdue moi aussi. Mais c'est en cherchant à cuisiner par moi-même et à limiter les produits animaux que j'ai découvert de nombreux ingrédients.

La jeune maman tend un pot à la quinquagénaire qui met ses lunettes pour lire l'étiquette.

— Du tofu soyeux? Qu'est-ce que c'est que ce nom ridicule?

Tout le monde ne raffole pas des brocolis

— Ne vous moquez pas Corinne, vous allez comprendre en ouvrant l'emballage! Le tofu est du soja fermenté. C'est bourré de protéines, les végétariens l'aiment beaucoup pour ses qualités nutritives et la possibilité de l'intégrer dans de multiples recettes facilement. Généralement, il est assez ferme. La version soyeuse permet de varier les préparations pour faire par exemple une mayonnaise ou une mousse au chocolat sans œufs. C'est assez bluffant!

— Très bien, je prends. Mais seulement si vous me donnez vos recettes!

— Avec plaisir! Tenez, voici une autre préparation à connaître.

La jeune maman désigne un petit pot rempli d'une sorte de tapenade vert foncé.

— Tartare d'algues? Mais qu'est-ce que c'est que ce machin? Ne me dites pas que vous allez me faire bouffer des algues, c'est tout bonnement impossible!

Charlotte éclate de rire. Elle s'amuse beaucoup à voir les réactions de Corinne dans cet univers si familier pour elle et si étonnant pour la quinquagénaire.

— Rassurez-vous, ce ne sont pas les algues qui polluent le littoral à cause des pesticides... Il s'agit d'algues cultivées. Il y en a de toutes sortes, plus ou moins iodées ou piquantes. On les conserve dans du sel ou sèches. Les algues sont riches en minéraux et protéines. Et vous pouvez aussi faire votre tartare vous-même!

— Ah ça, ce n'est sans doute pas demain la veille...

— Très bien, je l'achète et je vous ferai goûter un de ces soirs prochains à la maison!

— Non, c'est moi qui vais vous inviter à dîner Charlotte. Cela me permettra de faire connaissance avec votre charmante petite famille. Après tout, c'est aux anciens d'accueillir les nouveaux du quartier non?

— Ce sera avec plaisir!

Les deux voisines continuent de flâner dans le magasin. Lila les a rejointes et a pris place sur le siège enfant du caddie. Elle babille en grignotant des petits biscuits apéritifs au comté. Corinne s'extasie sur les variétés de légumes anciens qu'elle découvre. Mais au niveau des fromages à la coupe, elle manque de s'étrangler quand elle voit Charlotte sortir une boîte hermétique de son cabas.

– Les petits sacs c'est bien mignon, mais là vous y allez fort tout de même!

– Et pourquoi donc? Parce que je refuse qu'on me refourgue un papier qui sert uniquement à transporter mon fromage du magasin à chez moi et que je vais devoir jeter… une fois le fromage placé dans sa boîte hermétique au frigo? Franchement, on a créé trop de déchets inutiles ces dernières années. Regardez, ce n'est pas si compliqué de faire ses courses avec ses «tup-tup».

– Oui, enfin, c'est facile dans ce magasin bio, trop beau pour être vrai. J'imagine qu'au supermarché de Trifouilly-les-Oies c'est moins simple!

– Sans doute. Mais les mentalités changent. À chacun d'évoluer à son propre rythme! Les gens prennent conscience que la Terre n'est pas une décharge géante et qu'il est temps de limiter notre…

– Ma petite Charlotte, je trouve que vous vous posez beaucoup de questions et que vous vous donnez bien du mal… Mais vous êtes sans doute dans le vrai!

Bien loin d'imaginer que sa mère explore les routes de l'alimentation biologique, Amandine partage un café avec Théo au Petit Grain, un bar associatif pas loin de la gare Saint-Jean. Le lieu a été créé par un groupe d'habitants qui voulaient redynamiser leur quartier. Depuis cinq ans, il tourne grâce à l'énergie du collectif. Le café accueille de multiples ateliers artistiques, philosophiques ou de bien-être et propose même à manger grâce à des sessions de co-cuisine entre adhérents.

Bien installés dans le canapé du fond de la salle, les amoureux évoquent les pistes de leur été… entre deux baisers. Depuis leur premier rendez-vous officiel, ils n'imaginent plus se séparer un seul instant. Deux options s'offrent à eux pour leur premier été ensemble: aller de ferme en ferme sur le principe du *wwoofing* – que connaît bien Théo – ou travailler au même endroit pendant plusieurs semaines. Des amis du jeune homme ont ouvert un écolieu où fourmillent des «tests» grandeur nature: maraîchage agroécologique, élevage de chèvres, animations pour enfants, retraites «au vert» pour adultes… C'est une évidence: Amandine s'y voit déjà et insiste pour aller là-bas.

– Ce serait tellement bien de se poser, prendre le temps de connaître le lieu à fond et les aider à imaginer la suite non?

– Oui… mais j'ai besoin de bouger moi, tu me connais!

Tout le monde ne raffole pas des brocolis

– On pourra bouger pendant nos jours de congé. Et puis on sera dans les Landes, on pourra aller surfer facilement comme ça ! Alleeeez...

– OK ma puce, t'as gagné. On part à l'écolieu !

Amandine se jette dans les bras de son amoureux. Elle est impatiente de finir l'année scolaire et de partir avec lui loin de l'école de commerce... et de sa mère. Il va juste falloir lui dire maintenant... *Allez ma petite maman, je pars avec un homme que tu ne connais pas pendant deux mois, ça te va ?*

15

– On inspire, on met les coudes près du corps et on descend la poitrine vers le sol sur l'expire. Prochaine inspire, on lève la tête et on décolle les épaules du sol pour se mettre en *petit cobra*. On expire, on relève les fesses vers le ciel pour se remettre en *chien tête en bas*. Quatrième et dernière session de salutations au soleil, vous devez sentir que vous êtes de plus en plus en lien avec votre moi profond.

Mais qu'est-ce qu'il raconte celui-là… ? Heureusement qu'il est beau comme un dieu sinon je serais partie dès le deuxième chien la queue basse…

Corinne, écarlate et en nage, jette un œil entre ses jambes écartées vers son amie, installée sur le tapis de yoga juste derrière elle. Béatrice semble à son aise dans une position que Corinne trouve aussi grotesque que fascinante. La quinquagénaire a accepté de la suivre pour un cours d'essai afin de comprendre pourquoi cette dernière aime tant le yoga depuis quelques semaines. Le charmant professeur n'y est sûrement pas pour rien.

Cobra, chien, moi profond… c'est mieux que le Kama-Sutra! Quelle coquine cette Béa!

Le charismatique professeur reprend de sa voix chaude avec son léger accent indéfinissable.

– Très bien. Nous avons fini cette séquence d'échauffement. Nous allons maintenant passer aux postures debout. Elles peuvent vous aider à vous ancrer dans votre corps mais aussi dans votre vie. N'oubliez pas la dimension spirituelle du yoga, ici vous n'êtes pas à un cours de gym!

Hummm… Moi je ferais bien de la gym avec toi mon beau…

– On va démarrer avec la posture du guerrier 2. Cette posture fait partie d'un enchaînement de trois postures – guerrier 1, 2 et 3 – qui vous apprennent à rester centré en vous-même. À force de pratiquer, elles vous évitent de vous perdre dans les pensées négatives. Est-ce que ça vous parle ?

Ah ça, tu l'as dit mon mignon ! Mes insomnies et moi on y pensera. Je me vois bien faire du yoga à 3 heures du matin, tiens…

– En sanskrit, la langue indienne millénaire, cette posture s'appelle *Virabhadrâsana* qui vient de *vira* : héros et *bhadra* : vertueux, favorable, heureux. On y va ! On démarre en écartant les pieds dans la longueur du tapis…

Tout en écoutant son professeur d'une oreille distraite, Corinne regarde autour d'elle. La salle est vraiment agréable : murs peints en bleu pétrole mat, luminaires posés à même le sol, bouddhas, immenses fenêtres laissant entrer la lumière du jour, plantes vertes aux feuilles grasses, et, sur les murs, quelques grandes affiches. Sur une étagère, de nombreux accessoires sont proposés pour faciliter la pratique : tapis, sangles, briques de liège, couvertures… Corinne est là pour la première fois, mais elle s'y sent déjà bien.

La plupart des participants sont des femmes. Une fois de plus. À croire que toutes ces pratiques autour de l'alimentation saine et du bien-être ne plaisent qu'à la gent féminine ! Il y en a de tous âges, de toutes corpulences et souplesses. Mais toutes, sans exception, sont suspendues aux lèvres charnues de leur professeur. *Mais où sont les hommes ? Ce n'est pas ici que je vais pouvoir me mettre quelque chose sous la dent. Ça fait longtemps d'ailleurs, tiens…*

Ah si, deux hommes font figure à part sur les tapis. Un jeune à peine sorti de l'adolescence et un fringant sexagénaire, souple et bronzé. Sans nul doute un adepte de la formule illimitée qui permet de suivre autant de cours qu'on le souhaite dans le mois.

Et puis il y a Satiane, le professeur. Immense, la peau mate, les boucles brunes relevées en un chignon haut, les muscles dessinés sous son t-shirt « I ♥ yoga », le sourire *ultra-brite* et les yeux émeraude. Un cliché ambulant. Pas étonnant que son cours affiche systématiquement complet. Mais sa beauté n'enlève rien à son exigence. Les postures

Tout le monde ne raffole pas des brocolis

s'enchaînent, rares sont les moments pour se reposer ou boire une gorgée d'eau. Corinne ne pensait pas que faire du yoga serait aussi difficile. Elle imaginait plutôt un truc de mamies qui se la jouent spirituelles avant d'aller siroter un petit *Earl Grey* au salon de thé.

– OK ça va toujours ? On va maintenant passer à la chandelle. Prenez place comme vous en avez l'habitude. Corinne, comme c'est votre premier cours, je vais vous guider.

Satiane s'approche de Corinne qui n'a pas la moindre idée de ce que le professeur entend par *chandelle*. Mais dans sa bouche cela sonne particulièrement érotique. Elle attrape sa gourde et boit une gorgée d'eau.

– Tout va bien Corinne ? Pas trop dur ce premier essai ?

– Eh bien, disons que je ne suis pas une grande sportive donc je fais connaissance avec des muscles dont j'ignorais jusque-là l'existence !

Satiane sourit en découvrant une ligne de dents immaculées et parfaitement alignées.

– Tant mieux si ça travaille. Le yoga agit sur le corps mais aussi l'esprit. Vous allez vous en rendre compte dans les jours qui viennent, vous verrez. Des petits changements qui vont se multiplier si vous pratiquez régulièrement.

– Vous faites toujours autant de promesses aux femmes ?

– Ça dépend lesquelles… Bon, passons aux choses sérieuses : savez-vous ce qu'est une chandelle ?

– Pas vraiment non.

– C'est une posture verticale les jambes en l'air.

– Les jambes en l'air ? C'est un peu coquin votre truc-là, non ?

– Pas vraiment ! Mais vous allez vite voir que tout le monde peut y arriver à condition de bien se préparer.

Corinne regarde autour d'elle. Tous les élèves ont en effet les jambes en l'air et maintiennent la position en soutenant le bas de leur dos avec les mains et en respirant profondément. Le professeur indique à Corinne comment s'installer à l'aide d'une couverture pour caler ses épaules et sa nuque correctement sur le sol. Au moment où elle monte ses jambes, Satiane les attrape pour stabiliser sa posture. Un frisson la parcourt.

— OK Corinne, c'est bien. Je vais vous lâcher et vous allez maintenir la position durant deux minutes pendant que je regarde les autres. C'est bon pour vous ?

— Ouimmmm, répond Corinne dans sa position rocambolesque.

Puis il est temps de quitter la chandelle. Corinne souffle un bon coup. Tous les élèves se mettent dans la posture de l'enfant, comme repliés dans un cocon sur leur tapis pour relâcher les tensions. Après avoir enchaîné postures immobiles et en mouvement, le professeur annonce que la fin du cours approche.

— Au yoga, on termine toujours les sessions par un moment de relaxation. C'est important. Même si vous pratiquez chez vous, ne zappez pas cette étape cruciale qui permet à votre corps – et votre mental – d'intégrer les acquis de la séance.

Ah, enfin un peu de repos. Je suis exténuée moi…

Le professeur invite ses élèves à s'allonger sur le dos, avec couverture et chaussettes pour les plus frileux.

— Vous devez vous sentir parfaitement à l'aise pour laisser votre corps se relâcher. Si des pensées apparaissent, c'est normal, n'en tenez pas compte. Regardez-les comme les vaches qui regardent le train passer.

Corinne ne peut empêcher un gloussement en se visualisant en vache broutant dans un pré devant des rails. Elle s'installe sur le tapis avec une couverture et en place une seconde pliée en deux sous sa nuque.

Satiane s'installe en tailleur et commence à jouer d'un instrument complètement inconnu de Corinne. De douces notes de musique emplissent l'air et, rapidement, la quinquagénaire se relâche totalement et part dans un état second. Des frissons parcourent son corps, son mental s'affole avec mille pensées de toutes sortes et, pourtant, elle reste calme, comme hypnotisée. Son corps semble s'enfoncer dans le sol. Elle entend le professeur parler, mais ne comprend plus ce qu'il dit. La musique et les mots forment un fond sonore lointain.

Soudain, derrière ses yeux clos, son assistant Maxime apparaît en sari doré, un turban sur la tête et un gros point rouge entre les sourcils. Il lui prend la main et l'invite à danser en dodelinant de la tête. Des Indiens arrivent de toutes parts et leur lancent des pétales de roses de toutes les couleurs en jouant de la flûte. Tout à coup, écran noir. Corinne se retrouve seule devant un Bouddha géant qui la prend

Tout le monde ne raffole pas des brocolis

dans ses bras pour la bercer. Elle plane tout en gardant la sensation de son corps enfoncé dans le sol.

Au moment où Satiane invite ses élèves à remuer les orteils et à remettre peu à peu du mouvement dans leur corps, elle a l'impression d'être tirée brusquement de sa rêverie. Sa bouche est sèche. Elle met une microseconde à se rappeler où elle se trouve.

– Je vous invite à vous tourner sur le côté droit tout en gardant les yeux fermés. Puis, après deux respirations profondes, vous pouvez vous rasseoir, en maintenant toujours les yeux clos.

Corinne, encore engluée dans ses rêveries, se remet en tailleur, la couverture sur les genoux. Elle n'a pas envie de retourner dans le monde réel. Elle veut rester là, sur le tapis, à planer au son de l'instrument de Satiane et de sa voix grave.

– Tout en gardant les yeux fermés, joignez les mains devant votre poitrine. Puis montez-les au niveau du front, de la gorge et enfin du cœur. Maintenant, penchez-vous vers l'avant et remerciez-vous intérieurement pour le temps que vous vous êtes accordé aujourd'hui. On va terminer en chantant tous ensemble le son « Om » en le faisant bien résonner dans notre cage thoracique.

– Ooooooooooooommmmmmm…

Le son vibre dans toute la pièce. Corinne ne peut s'empêcher d'ouvrir l'œil droit pour observer en douce les autres élèves. Ça fait un peu secte son truc là quand même.

– Vous pouvez maintenant ouvrir les yeux.

Le professeur se penche en avant pour s'incliner devant ses élèves. Tous en font autant.

– *Namasté.* Ce qui signifie « Mon âme salue ton âme. En toi je salue la lumière, la beauté et l'amour parce que ces choses sont aussi en moi. Nous sommes reliés. »

Oh oui, relie-toi à moi dans l'amour, mon beau Satiane…

De retour au vestiaire, Béatrice sourit à son amie.

– Ma chérie, ton visage a changé depuis tout à l'heure. Tu te sens mieux non ?

– Oui… J'ai souffert pendant le cours, mais il m'a définitivement convaincue sur la relaxation finale. Rien que ces sensations valent la peine de se taper la chandelle, les chiens tête à queue et les guerriers chabadabada !

– Ah ah, tu vas retenir le nom des postures au fur et à mesure de ta pratique. Parce que tu vas revenir avec moi hein ?

– Je crois bien que oui, tu m'as bien eu là ma belle… Je pense que ça peut me faire vraiment du bien… Et ça fera plaisir à notre naturopathe !

Puis, elle se rapproche de son amie et lui chuchote à l'oreille pour ne pas se faire entendre des autres élèves.

– Dis, tu le connais bien ce Satiane ? Il est célibataire ?

16

C'est le grand soir. Corinne a invité Charlotte, Alexandre et leur petite Lila pour un premier dîner entre voisins. Amandine en a profité pour convier Théo que sa mère ne connaît pas encore. Corinne est impatiente de le rencontrer. Elle voit bien que sa fille est apaisée depuis qu'elle est amoureuse. Ce n'est pas pour autant que leur relation est plus fluide : Amandine ne cesse de lui répéter combien son école de commerce ne lui correspond pas et de lui seriner à tout bout de champ qu'elle « veut faire autre chose de sa vie que gagner du pognon ». Leur désaccord est profond, les moments de répit rarissimes.

Pour son premier dîner sans céder à la facilité d'un chef à domicile, Corinne mise sur l'effet Waouh ! en préparant des Bouddha bowls. Elle a lu un article dans un magazine féminin sur ces repas complets très à la mode proposant un mix de légumes cuits et crus sur une base de céréales. Le menu sera 100 % végétarien et sans gluten. *Merci à Mireille et à ses cours pour débutants avec deux mains gauches !* Corinne jette un coup d'œil sur ses préparations. Le mélange des ingrédients dans le bol ne se fait qu'au dernier moment pour que l'ensemble reste chaud et croquant. Elle est dans les temps. Pas de panique.

Elle vérifie son maquillage dans le miroir et remet une touche de rouge à lèvres. Ses cheveux bruns coupés court mettent en valeur ses yeux verts. Elle se trouve jolie, les traits bien plus reposés qu'il y a quelques semaines, quand son ventre lui faisait tant souffrir. Les quelques astuces de naturopathie qu'elle a mises en place semblent faire leur effet : jus de citron au réveil, moins de café, davantage de légumes et une petite mono diète de temps en temps. Sans parler du yoga auquel elle s'adonne désormais une fois par semaine. Elle se sent déjà bien mieux dans son corps et dans sa tête.

Ah si Pierre me voyait, ça lui ferait tout drôle… Corinne ne peut s'empêcher de penser régulièrement à lui. Souvent au moment où elle s'y attend le moins.

Ding dong! La sonnette efface le visage de son ex-mari de ses pensées. Elle actionne le portail automatique et sort accueillir ses invités sur le perron. Lila arrive en trombe dans le jardin, Charlotte sur ses pas, le regard inquiet et surprotecteur. Alexandre, le nez en l'air, semble fasciné par la taille impressionnante de la maison.

— Bienvenus chers voisins! On s'embrasse?

Corinne s'accroupit pour caresser la joue de la petite fille.

— Bonjour, Lila, tu veux entrer dans ma maison ou tu préfères visiter le jardin?

— Ze veux voir le zardin et la piscine!

— OK, mais fais attention ma chérie, pas trop près de l'eau hein! supplie Charlotte, toujours angoissée à l'idée qu'il arrive quelque chose à sa princesse.

— On va s'installer dans le jardin pour l'apéritif, comme ça, on pourra la surveiller, la rassure Corinne. Profitons de la chaleur enfin revenue. Au mois de juin, il était temps! Installez-vous autour de la table. Que voulez-vous boire?

— Tenez, on a apporté une bouteille de vin blanc. Bio et frais bien sûr! plaisante Charlotte.

— Je veux bien quelque chose d'un peu plus fort, renchérit Alexandre. Vous avez du whisky?

— Oui, j'ai tous les alcools possibles et imaginables, sourit Corinne.

Elle revient bientôt avec un plateau chargé de verres, dont un rempli à mi-hauteur de jus de pomme pour Lila, et de nombreux petits bols bien garnis: olives vertes et noires, graines de soja soufflées aux épices, pois chiches rôtis au four, petits dés de fromage de chèvre au cumin…

— Eh bien, quel festin, tout le dîner est là? s'enquiert Charlotte.

— Ah non, je vous réserve une surprise pour la suite… Alors, racontez-moi un peu votre installation, qu'est-ce qui vous a amenés à Bordeaux?

Charlotte se tourne vers Alexandre qui prend la parole.

Tout le monde ne raffole pas des brocolis

— Je dirais la qualité de vie. À force d'entendre parler de Bordeaux, la ville nous est apparue comme une évidence et nous avons décidé de déménager ici. C'est tellement plus agréable d'élever Lila ici qu'à Paris.

— Ah ça c'est sûr, dit Corinne. Et vous n'êtes pas déçus?

— Pas une seconde! répond aussitôt Charlotte. On est super bien ici! Après on verra quand je commencerai à chercher du boulot si ce n'est pas trop compliqué. Mais pour le moment, on profite.

— Que faisiez-vous comme travail?

— Assistante de direction. Mais je peux faire plein de choses. J'ai envie de changer un peu. D'ailleurs, j'aimerais bien faire un bilan de compétences après l'été pour savoir comment orienter mes recherches. Et vous Corinne, que faites-vous?

— Je suis *wedding planner*. J'ai monté mon agence, la Big Wedding Factory!

— Oh, comme ça doit être amusant!

— Pas toujours… mais j'avoue que c'est assez passionnant et varié. Je peux raconter mille anecdotes sur la psychologie des futurs mariés, des parents, de la famille… J'en ai vu de belles! Et vous Alexandre?

— Moi je crée des sites Internet… et j'ai aussi pas mal d'anecdotes sur mes clients!

Ding dong! La sonnette interrompt leur conversation. Amandine et Théo les rejoignent peu de temps après sur la terrasse.

— Bonsoir, tout le monde, je vous présente Théo, annonce Amandine, les joues légèrement roses.

— Bonsoir Théo, ravie de te rencontrer enfin! s'exclame Corinne en se levant et en lui tendant la main.

— Bonsoir Madame.

— Oh, appelle-moi Corinne, je t'en prie.

— Amandiiiiiine, hurle de joie Lila, qui semble ravie de retrouver sa baby-sitter.

La jeune fille la prend tendrement dans ses bras et l'embrasse. Puis elle monte les marches du perron avec Théo pour aller déposer leurs affaires dans l'entrée. Corinne s'esclaffe auprès de Charlotte.

— Je comprends qu'Amandine en soit folle, vous avez vu comme il est beau!

— Maman, je t'entends là… lance Amandine depuis la véranda.

Une fois les amoureux installés sur les chaises du jardin, la conversation se poursuit autour de l'apéritif. Corinne est très fière de tous ses petits «grignotis» comme elle les appelle. La cuisine est une vraie découverte pour elle! Après avoir vidé d'un trait sa deuxième bière, elle propose à ses invités de passer à table.

— Vous voulez rester dehors ou vous préférez rentrer?

— J'avoue que je veux bien rentrer, je suis en train de me faire bouffer par les moustiques, se plaint Alexandre. Ils sont coriaces cette année!

— C'est à cause du dérèglement climatique, rétorque Théo. Les moustiques tigres pullulent. Mais il va falloir s'habituer car ça va être de pire en pire...

— Oh, tout de suite le catastrophisme, botte en touche Corinne.

— C'est la réalité. On fait tous comme si de rien n'était, mais le climat part en sucette et les conséquences se font déjà sentir. Ce n'est pas quelque chose à prendre à la légère.

Corinne, imperturbable, ne veut pas lâcher le morceau.

— Allons Théo, on ne peut pas être aussi pessimiste à 20 ans! La Terre ne va pas si mal tout de même...

— Mais si, justement! Votre génération et les précédentes ont bien déconné. Nous, on doit ramasser les pots cassés et vivre dans ce monde archi pollué, où la banquise fond à vue d'œil, les océans montent et se remplissent de plastique. Mais bon, buvons un coup et parlons vite d'autre chose hein...

Le jeune homme est visiblement énervé par l'attitude désinvolte de la maîtresse de maison. Corinne se lève brusquement.

— Bien, je vois que la soirée démarre fort! Donnez-moi cinq minutes et on passe à table. Amandine, tu me files un coup de main s'il te plaît?

Mère et fille se retrouvent dans la cuisine. Amandine hallucine sur le désordre laissé par sa mère... il y en a partout!

— Dis donc, il est coriace ton copain. Il est toujours aussi vindicatif?

— Il a raison maman, on ne peut plus nier l'urgence écologique. Il faut se bouger maintenant!

— Eh bien pour le moment, on doit se bouger pour satisfaire nos invités. Regarde, il ne reste plus qu'à assembler les Bouddha bowls. On met une base de riz – il est là, au chaud dans la casserole – et par-dessus, on va disposer les ingrédients que j'ai préparés: rondelles de

Tout le monde ne raffole pas des brocolis

radis, champignons poêlés aux échalotes, courgettes croquantes, lentilles corail, tomates confites…

– OK maman, je te fais la base de riz et tu complètes ?

– Oui, faisons ça !

Corinne est ravie de passer un peu de temps avec sa fille. Les moments sans dispute sont devenus si rares ! Finalement, cuisiner est peut-être un bon moyen pour «faire quelque chose» avec elle.

La préparation finie, elles placent les bols sur la table, face à la baie vitrée, et dressent le reste des couverts, sans oublier le vin apporté par les voisins.

– À taaaaable ! hurle Corinne.

Tout le monde arrive aussitôt.

– Mon petit Théo, viens donc t'asseoir à ma droite. Tu me promets d'être calme n'est-ce pas ? dit-elle dans un clin d'œil visiblement forcé. Alexandre à ma gauche, Charlotte en face. Je vous ai mis une chaise haute pour la petite. Je lui ai aussi prévu un petit bol spécial, plus adapté, vous me direz si ça vous va ? Amandine, tu peux te mettre en face de ton amoureux pour laisser Lila à côté de sa maman.

– Merci, Corinne, dit Charlotte, c'est très joli ce que vous avez fait là. Ah, j'ai failli oublier, je vous ai apporté du tartare d'algues également. Nous en avions parlé au magasin bio. Vous voulez goûter ?

– Ah oui, les algues ! C'est bien parce que c'est vous ma petite Charlotte, dit Corinne avec malice. Alors, voyons ça…

Corinne étale une pointe de tartare d'algues sur une tranche de pain de maïs et croque de bon cœur.

– Pas mal du tout ! On sent bien le goût de l'ail, c'est sympa. J'en parlerai à mon nouveau traiteur fétiche pour le prochain mariage que j'organise. Le couple veut un buffet végétarien ET étonnant. Il va falloir redoubler de créativité !

Les convives s'installent et attaquent les bols. Corinne se félicite d'avance, elle s'est vraiment investie dans la cuisine pour une fois ! Et ces couleurs ! Les plats mettent l'eau à la bouche. Pourtant, après quelques bouchées, un silence pesant a pris la place de la conversation jusqu'alors bien animée. *Euh… Bizarre, personne n'a l'air très emballé…*

Corinne avale une troisième gorgée de vin blanc. Son assurance commence à décliner sérieusement.

– C'est un test cette recette, vous savez… Ça ne vous plaît pas ?

– Si si, maman, c'est juste un peu… déroutant !

Charlotte sourit pour faire bonne figure. Mais la vérité est impitoyable : le riz est trop cuit, les courgettes pas assez. Les champignons sont mal lavés, on sent le reste de terre qui crisse sous les dents. Les radis n'ont aucun goût… et la sauce est trop salée.

Comment a-t-elle pu faire un plat aussi infect avec des produits bio, frais et naturels ? Ce n'est pourtant pas bien compliqué de suivre une recette !

Un peu hallucinée, Charlotte regarde son compagnon du coin de l'œil et voit qu'il est tout aussi en peine. Le beau Théo semble également à la traîne. Quant à Amandine, elle doit avoir l'habitude car elle mâche consciencieusement sans émettre d'autres commentaires. Il n'y a que Lila qui semble vraiment déguster son assiette : la fillette mange le riz collant comme une grande avec sa petite fourchette et dévore les bâtonnets de carotte et de concombre avec les doigts. La jeune maman décide de relancer la conversation pour dissiper le malaise.

– Alors les jeunes, qu'allez-vous faire de votre été ?

– Eh bien, on vient de prendre notre décision, on va travailler dans un écolieu en plein cœur des Landes, répond joyeusement Amandine.

– Un écolieu, c'est quoi encore cette invention ? Un truc de baba cool j'imagine ! s'exaspère aussitôt Corinne la bouche pleine, son verre de vin toujours à la main.

– Pas forcément maman. Sors un peu de tes schémas, on n'est plus en mai 1968. L'endroit où l'on va, le Hameau des Abeilles, teste plein de solutions pour montrer que l'on peut gagner de l'argent avec un modèle économique basé sur l'agroécologie, la préservation des ressources naturelles et la sauvegarde de la biodiversité. Il y a des espaces potagers, des animaux et on y propose de nombreux stages et animations pour tous les âges. Théo va s'occuper du potager bio et moi, je vais coordonner les animations jeunesse. Vous savez comme j'aime les enfants !

– Ah ça oui et ils te le rendent bien, Lila nous parle souvent de toi ! sourit Charlotte.

Tout le monde ne raffole pas des brocolis

— D'ailleurs, on remet ça quand chérie ? suggère Alexandre. Ça nous a fait vraiment du bien cette sortie en tête-à-tête…

— On en parlera à la maison, voyons… répond Charlotte embarrassée.

— Bon et concrètement, ça paie bien comme job d'été votre lieu-là ? revient à la charge Corinne.

— Ce n'est pas ça qui compte, assure Théo. Le but, c'est d'apprendre et d'échanger. De faire avancer nos idées. De prouver qu'on peut vivre dignement en adoptant un mode de vie plus sain.

— Oui, c'est bien beau tout ça, mais on voit que ce n'est pas toi qui paies les études d'Amandine. Ce serait bien qu'elle commence à s'assumer un peu au lieu de me seriner avec ses trucs de bobos-écolos…

Amandine commence à fulminer. Son réservoir de patience se vide à la même vitesse que le verre de sa mère.

— Eh oh, je suis là maman, tu me vois ? Tu peux me parler directement ! Et puis tu me fatigues à toujours remettre l'argent sur le tapis. Tu ne peux pas entendre qu'il y a autre chose de plus important dans la vie ?

— Ah oui, comme quoi ? ricane Corinne, visiblement éméchée.

— Eh bien… l'amour, déjà. La solidarité, l'entraide, l'empathie, la bienveillance… Vouloir faire les choses de son mieux comme nourrir les autres sans les empoisonner. Ah ça c'est sûr, ce n'est pas quelque chose que tu sais faire !

La jeune fille a haussé le ton sans le vouloir. Enfin, si, finalement cela fait bien longtemps qu'elle veut dire à sa mère le fond de sa pensée. *Mais dans quel monde vit-elle ?!* Le visage de Corinne prend une curieuse couleur cramoisie.

— Je t'interdis de me parler sur ce ton ! En public en plus ! Si c'est pour m'insulter, tu ferais aussi bien de partir.

Théo intervient, tel un chevalier blanc au secours de sa bien-aimée.

— Ah je vois, vous prenez la mouche dès que l'on est en désaccord avec vous, et vous ne vous remettez jamais en question. Je comprends pourquoi Amandine me dit que vous vous disputiez tout le temps toutes les deux.

— Ne te mêle pas de ça Théo, le coupe Amandine en se levant brusquement de table. On va aller manger décemment ailleurs ! Personne n'ose lui dire que c'est dégueulasse. Eh oui, les gens sont en général polis et bien élevés. Allez, bonne soirée. Désolée les voisins, ma mère est juste trop bornée et sans doute trop bourrée pour se rendre compte qu'elle est totalement à côté de la plaque.

Corinne vide son verre d'un trait et regarde d'un œil vide sa fille quitter la table avec Théo. Charlotte et Alexandre échangent un regard déconfit. Lila babille en croquant un quartier de pomme. Heureusement que les jeunes enfants sont là pour emplir l'air de leur naïveté et de leur joie de vivre.

— Eh ben, je crois que ce dîner est un fiasco. Tout ça pour ça... Je pensais que votre présence allait apaiser les choses, mais visiblement ça ne suffit pas. Vous n'êtes pas obligés de finir, on va passer au dessert. J'ai acheté un gâteau à la pâtisserie, vous mangerez au moins quelque chose de savoureux ce soir...

17

Charlotte regarde le café s'écouler dans sa machine flambant neuve. Elle l'a achetée la veille dans un coffee shop du centre-ville qui prône le « slow café ». Selon le vendeur, plus le café prend le temps d'infuser, meilleur il est. Pour ce premier test, la jeune femme a choisi un café d'Amazonie, récolté par des petits producteurs. Rien que l'odeur la transporte ailleurs.

Ses pensées vagabondent. Trois jours ont passé depuis le fameux dîner chez Corinne. Depuis, elle ne cesse de penser aux relations humaines. Pourquoi est-ce si compliqué de se comprendre ? Pourquoi n'arrive-t-on pas à respecter les idées des uns et des autres ?

Pour jouer les juges de paix, la jeune maman a décidé d'inviter Amandine à boire un café. Elle se dit qu'elle a sans doute un rôle à jouer pour les aider sa mère et elle à mieux se parler et se comprendre. Charlotte a toujours eu un tempérament de bon Samaritain, à vouloir rendre service aux autres même – et surtout – quand on ne lui demande rien. Comportement maintes fois reproché par son compagnon.

Quand Amandine arrive, elle la serre dans ses bras. Elles se connaissent depuis deux mois seulement et pourtant Charlotte a beaucoup d'affection pour la jeune fille en qui elle se reconnaît. Dix ans les séparent, mais elles ont en commun la même soif d'idéal.

– Comment vas-tu Amandine ?

– Ça va… C'est toujours bien tendu avec ma mère depuis samedi, mais j'essaie d'avancer.

Les deux femmes s'assoient dans le salon. Charlotte a recouvert son canapé d'une toile bleu marine et blanc et de coussins dorés qui donnent à la pièce un air de maison de vacances. Elle verse du café dans un mug étoilé et la tend à son invitée.

– Il faut la comprendre, tu sais. Elle est dans son schéma depuis des années, elle ne peut pas tout remettre en cause du jour au lendemain. Toi tu es toute jeune, c'est normal que tu aies soif de justice, de beauté, de solidarité. Mais parfois la réalité nous rattrape...

– Je ne peux pas m'y faire. Ma mère ne jure que par les apparences... Avoir une belle maison, un bon poste, une belle voiture, une belle garde-robe... Moi je m'en fous de tout ça. Je veux être utile, aimer, partager. Je veux vivre!

– Elle est sûrement capable de le comprendre. Mais il faut aussi te mettre à sa place. Elle travaille dur pour subvenir à vos besoins, te payer des études qui te permettront d'avoir le luxe de choisir ta carrière. Pense à la remercier de temps en temps...

Amandine soupire en tournant la cuillère dans sa tasse.

– Tu sais Charlotte, si c'est pour recevoir une leçon de morale, je ne suis pas sûre d'avoir envie de rester.

– Je ne veux pas te faire la morale. Je te parle en tant que maman. Nous faisons beaucoup de sacrifices pour nos enfants. Et ce doit être dur de te voir grandir et t'éloigner. Essaie juste de te mettre à sa place.

– Oui je sais tout ça. J'espère qu'on arrivera un jour à se parler sans se prendre la tête. Et puis, maintenant il y a Théo... Je suis folle de lui, ma mère beaucoup moins visiblement!

Les deux voisines éclatent de rire. À l'étage, on entend Lila se retourner dans son lit.

– Chut, chuchote Charlotte. Je n'ai pas envie qu'elle se réveille encore, on est au calme là!

La conversation se poursuit à voix basse, sur un ton proche de la confidence. Elle tourne vite sur le «zéro déchet», le sujet préféré de Charlotte, qui sait qu'elle trouvera écho chez l'étudiante écolo.

– J'imprègne d'eau le coton lavable et ça nettoie la peau super bien. Après je place les carrés dans un petit filet et zou!, en machine avec le reste du linge. Je peux ainsi les réutiliser plein de fois et ne plus jeter de cotons.

– C'est marrant ton truc! Je n'en avais jamais entendu parler. Et tu as quoi d'autre dans le même genre?

Tout le monde ne raffole pas des brocolis

Charlotte lui décrit les petites «débarbouillettes» lavables en coton bio, toutes douces pour nettoyer les fesses de sa fille.

La jeune maman raconte à sa voisine comment elle a pris conscience de l'hérésie du coton «conventionnel» en regardant un documentaire. Elle qui pensait que le coton était une fibre naturelle donc écologique s'était trompée sur toute la ligne! La culture du coton est très néfaste. La plante qui occupe seulement 2 % de la surface cultivée dans le monde a besoin de 25 % de la totalité des pesticides. À peine croyable! Depuis, Charlotte fait attention de n'acheter que des tissus en coton certifié bio, donc sans traitement chimique, ou dans d'autres fibres comme le lin et le chanvre qui poussent en Europe, pour ses vêtements, son linge ou ses sacs à vrac.

Amandine l'écoute attentivement. Sa conscience écologique s'éveille chaque jour un peu plus aux côtés de son amoureux et elle découvre des choses dont elle n'avait jamais entendu parler. Elle est ravie de partager l'enthousiasme de Charlotte. Comme elle aimerait pouvoir parler aussi simplement avec sa mère...

Charlotte reprend, toujours à voix basse.

– Et la coupe menstruelle, ça te dit quelque chose?

– Absolument rien!

– C'est une alternative aux tampons hygiéniques. Je viens d'en acheter une, je ne m'en suis pas encore servie! Attends, je vais la chercher...

La jeune femme revient avec un petit réservoir en silicone, souple, de couleur bleu ciel.

– Tu vois, ça fait un peu plus de trois ans que je suis dans une démarche de «transition écologique» comme on dit, et je viens tout juste d'acheter cette «cup». Comme quoi on a toujours des paliers de progression!

– Comment tu as découvert ce... truc?

– Sur un blog. La nana faisait le calcul de tout ce que les femmes utilisent en tampons et serviettes hygiéniques, ça donne le vertige! À raison de cinq par jour, cinq jours par mois, on arrive à trois cents protections par an pour une femme... soit près de cinq milliards rien que pour les Françaises!

– Ah oui, c'est vrai que ça fait beaucoup! Et pourtant je n'y avais jamais pensé.

– Surtout que ces protections ne sont pas biodégradables… donc on va les enfouir ou les incinérer, ce qui consomme de l'énergie ou dégage des gaz polluants. Pire, il y en a plein qui se retrouvent dans l'eau parce que certaines femmes les jettent dans les toilettes… Sans parler de leur fabrication avec l'utilisation d'un nombre incroyable de produits chimiques, le blanchiment au chlore et le suremballage. Et aussi des impacts encore méconnus sur la santé.

– Pas très glamour… C'est dingue quand même… Moi je mets des tampons depuis mes premières règles sans me demander pourquoi. Ça fait réfléchir tout ça.

Les deux jeunes femmes manipulent l'objet en le tournant dans tous les sens. Charlotte a également sorti le mode d'emploi pour voir comment l'utiliser. Il existe plusieurs façons de l'insérer dans le vagin… mais pas forcément comme un tampon.

– Visiblement, il faut être à l'aise avec son corps. Il existe différentes tailles selon que tu as déjà eu des enfants ou pas.

– Tu l'as choisie comment la tienne ?

– J'ai rempli un questionnaire sur un site Web qui compare toutes les coupes menstruelles existant sur le marché. C'est plutôt bien fait.

– Eh bien, je ne pensais pas découvrir tout ça en venant boire un café chez toi Charlotte ! Je suis bluffée là !

Amandine quitte sa voisine dans un grand sourire, elle doit retourner en cours. De toute façon, Lila ne va pas tarder à se réveiller.

Il est 19 heures passées quand Charlotte accueille son compagnon, gants de ménage aux mains et tablier autour de la taille.

– Eh ben, je ne sais pas ce que c'est, mais la texture a vraiment une drôle de gueule.

Alexandre a toujours eu un don particulier pour faire des compliments. La recette de lessive du guide *Famille presque zéro déchet* était très simple à suivre et Charlotte est certaine que la formule va être efficace.

– 1 litre d'eau, 20 grammes de savon de Marseille, 20 grammes de savon noir, une cuillère à soupe de cristaux de soude, et quelques gouttes d'huile essentielle pour parfumer. Voilà, tout y est !

– Elle m'a l'air bien compacte tout de même ta lessive. Et puis ça sent rien, moi j'aime bien quand ça sent bon…

– Quand ça sent bon le parfum chimique et toxique, tu veux dire ? Ce n'est pas lui qui lave, tu sais !

Tout le monde ne raffole pas des brocolis

Si son compagnon n'est pas impressionné, Charlotte, quant à elle, est ravie de s'être enfin lancée. Il n'y a plus qu'à attendre que le tout refroidisse pour voir ce que ça donne. Elle fera tourner une machine plus tard. C'est bête, mais elle a hâte pour une fois !

Alexandre ne comprend décidément rien à la vie. Même à MA vie en fin de compte...

18

Une grande partie de l'association des Jeunes Écologistes de Bordeaux s'est réunie dans un café associatif à deux pas de l'impressionnante basilique Saint-Michel. Objectif : finaliser les actions à mener lors de la journée de nettoyage du quartier Nansouty, organisée par la mairie tout début juillet. C'est le quartier où vivent Amandine et sa mère, à la fois populaire et familial dans un esprit « village ». Les jeunes veulent s'y intégrer pleinement pour faire connaître leur mouvement et, pourquoi pas, recruter de nouveaux membres.

Amandine et Théo y retrouvent quelques-uns de leurs amis : Souraya bien sûr, devenue adhérente dès le retour de Nouvelle-Zélande de son cousin. Ça fait longtemps que les deux amies n'ont pas passé du temps ensemble. Eh oui, l'amour, ça prend de la place... Il y a aussi Éric, en terminale scientifique, pour qui la vie quotidienne est un laboratoire géant. Momo, en fac éco, qui veut devenir prof pour montrer aux lycéens une autre voie que celle du capitalisme. Léa, qui travaille depuis peu dans une entreprise de BTP mais qui rêve de vivre en autonomie dans une micro-maison à la campagne. Et enfin les jumeaux, David et Sarah qui, du haut de leurs 17 ans, ne peuvent s'empêcher de se détester et de s'adorer.

Chacun s'est assis confortablement dans l'un des canapés fatigués du café. Le cuir, d'un orange très années quatre-vingt, laisse transparaître toutes ses aspérités, marques des nombreux postérieurs passés par là. Les étagères croulent sous les livres usés, des essais d'Henri David Thoreau aux collections de *SAS* au format poche.

Le lieu est très prisé des lycéens et étudiants. D'abord, parce que l'on s'y sent comme à la maison – sans les parents sur le dos –, mais surtout parce que les bières sont vendues à petit prix grâce à des partenariats mis en place avec des microbrasseurs locaux. C'est également un lieu associatif, géré par des bénévoles, dans une atmosphère d'entraide et de militantisme.

L'association des Jeunes Écologistes existe depuis peu de temps et pourtant l'organisation est déjà bien huilée. La créativité est de mise et tout le monde a son mot à dire. Pas évident quand il s'agit de créer un programme d'animations à partir de rien, mais certainement beaucoup plus enrichissant.

Momo prend la parole pour évaluer les besoins :

– Pour la zone de gratuité, tout est OK. Les gens peuvent apporter ce dont ils ne veulent plus et repartir avec les objets qui leur plaisent. Aucune contrainte, aucune obligation, 100 % gratuit. C'est bien indiqué sur l'affiche de l'événement et les réseaux sociaux. Il faudra juste veiller à réguler les apports volontaires pour que ça ne devienne pas un gros bordel. Est-ce qu'on met en place un planning pour gérer cette zone ?

– Tu penses que c'est nécessaire ? On peut voir au fil de la journée non ? propose Théo.

– Pourquoi pas, mais le risque c'est qu'on soit tous occupés à droite à gauche et qu'on oublie cet espace… qui est pourtant primordial pour nous faire connaître et discuter avec les gens de nos actions. Qu'en pensez-vous les autres ?

– OK pour un planning, mais en mode vigilance sur la zone et pas de squat absolu pour autant, intervient Sarah. On n'a qu'à prévoir des créneaux d'une heure de permanence où l'on accueille les gens et on dispose leurs dons par type d'objets. Et on tourne toutes les heures pour profiter du reste de l'événement sans se sentir bloqué.

– Bravo la bigleuse, c'est une bonne idée, commente son frère David.

Le reste du groupe acquiesce. Un mode de prise de décision aussi démocratique que possible implique parfois de longues discussions mais, finalement, chacun y trouve son compte.

Momo reprend sa *check-list* :

– Pour la Disco Soupe, on en est où ? Léa, tu as trouvé ce qu'il fallait pour les fruits et légumes ?

Tout le monde ne raffole pas des brocolis

– Oui! On a trois magasins bio partenaires et un maraîcher qui bosse au marché des Capucins. Ils sont tous super sympas!

– Donc le vendredi soir, on va chercher les caisses de fruits et légumes abîmés que les partenaires nous ont mis de côté et on les cuisine avec les gens sur place, c'est bien ça?

– C'est ça! Il faudra donc être créatif car on ne sait pas encore ce qu'on aura dedans… Sinon, au niveau matériel, l'asso Disco Soupe Bordeaux nous prête des planches à découper, deux mixers plongeants, un blender et des verres et couverts lavables. Et l'asso Etu'Récup vient avec son stand aménagé de vaisselle. Les gens pourront laver directement leurs assiettes et leurs couverts, toujours en musique. Comme ça, on évite les assiettes et couverts en plastique jetables et on reste dans le thème de la journée!

– Et pour la musique, on fait comment?

– J'apporte mes enceintes solaires, annonce fièrement Théo. Et je suis en train de finaliser ma compil disco-funk. Il y en aura pour tous les goûts pour éplucher en musique!

– Parfait tout ça, conclut Momo. Ça me semble bien parti!

Rappel du planning. Début de l'événement à 9 h 30 avec petit-déjeuner offert par la mairie et les commerçants du quartier. Puis distribution des gants et sacs aux équipes pour ramasser les déchets dans plusieurs rues du quartier Nansouty déterminées à l'avance. Les Jeunes Écologistes se diviseront en deux équipes : une qui nettoie les rues, l'autre qui reste sur la place principale pour préparer la Disco Soupe et gérer la zone de gratuité. Le nettoyage à proprement parler se termine à 12 heures. Les poubelles seront triées selon les déchets ramassés, puis pesées. L'objectif de la journée est de montrer que si les services de la Ville ne nettoyaient pas, les rues seraient rapidement jonchées de déchets. Une évidence qu'on oublie souvent!

– Et les câlins gratuits alors, on fait ou pas? demande Éric. Je trouvais ça original comme idée.

– C'est original mais c'est un peu hors sujet non? rétorque Amandine.

Théo la prend dans ses bras en lui murmurant à l'oreille : «Pourtant, tu adores ça les câlins toi…» Amandine bafouille vaguement une réplique en rougissant.

– Bon, on peut voter, dit Momo, qui est pour une session «câlins gratuits»?

Plusieurs bras se lèvent. D'autres voix abondent dans le sens d'Amandine.

— Et si on se laissait la possibilité d'improviser sur ce sujet selon l'humeur du jour ? Ceux qui sont partants peuvent se fabriquer une petite pancarte qu'ils s'accrocheront autour du cou. Ça peut être tout simple !

Souraya a l'air assez satisfaite de son idée. Les autres hochent la tête.

— Allez, vendu pour l'impro, conclut Momo. On avait aussi pensé à l'arbre à paroles pour que les habitants du quartier y écrivent leurs idées autour de la propreté, du nettoyage, du vivre ensemble. Qui a envie de l'animer ?

— Moi je veux bien, dit David. Je l'avais fait lors de la marche pour l'agroécologie et contre Monsanto. J'avais adoré. Je veux bien rapporter le matos que j'avais utilisé la dernière fois, j'ai tout gardé.

— Tu m'étonnes qu'il ait tout gardé, sa chambre ressemble à Fukushima, le charrie Sarah.

— C'est toujours mieux qu'une chambre « zen » où on a l'impression d'être à l'hôpital…

— Allez allez, on se calme les jumeaux. Bon, ça m'a l'air de bien rouler tout ça. On va pouvoir kiffer une petite bière en parlant d'autre chose !

19

Sa voix. Grave, chaude, à peine cassée. Une vraie voix de fumeur comme elle les aime. Corinne tend l'oreille par la porte entrouverte de son bureau. Elle est impatiente de rencontrer cet homme qui a demandé à BWF de gérer l'organisation du mariage de sa fille. Un mariage d'hiver. C'est suffisamment original pour piquer sa curiosité.

Pour ce rendez-vous, elle laisse d'abord sa collaboratrice Salomé l'accueillir, le débarrasser de son manteau et lui offrir un café. Elle imagine la scène : quand la porte de son bureau s'ouvrira, elle découvrira enfin le visage de cet homme qui l'intrigue déjà.

Après avoir toqué à la porte, Salomé entre, un immense sourire aux lèvres. Elle sait que ce nouveau client va fortement plaire à sa patronne. Elle n'est pas toujours facile, alors rencontrer un homme bien pourrait l'apaiser un peu ! La jeune femme connaît bien sa patronne et son intuition se développe étrangement un peu plus chaque jour depuis quelques semaines.

Quand il entre dans son bureau, Corinne ne remarque ni sa taille imposante, ni ses cheveux poivre et sel ou ses mocassins cirés à la perfection. Elle ne voit que ses yeux, d'un vert profond. Elle est aussitôt intimidée, ce qui est rarissime. Elle interpelle Maxime pour qu'il se joigne au rendez-vous. Sans doute un réflexe d'autodéfense pour ne pas se retrouver seule face à ce séduisant sexagénaire.

— Bonjour, Monsieur Archambaud, je suis ravie de faire votre connaissance. Asseyez-vous, je vous en prie, propose Corinne en lui serrant la main. Alors, un père qui organise le mariage de sa fille, c'est assez inédit, cela n'intéresse pas votre épouse ?

– Je suis veuf depuis trois ans…

– Oh, je suis désolée, pardonnez ma curiosité mal placée.

Applaudissements Corinne ! Mais quelle idiote je fais ! Ah ça commence bien…

– Ne vous en faites pas, c'est tout à fait normal de se poser la question. Ma fille vit aux États-Unis depuis quelques années déjà, c'est là qu'elle a rencontré son fiancé. Mais elle veut absolument se marier dans notre maison de famille sur le bassin d'Arcachon. Elle y est très attachée. Ce sera un mariage d'hiver en toute intimité, c'est son souhait. Je veux lui offrir ce qu'il y a de plus beau. Ma fille est tout ce que j'ai désormais !

Corinne boit les paroles de son nouveau client. Elle est complètement sous le charme de cet homme qui, bien que sûr de lui, dégage beaucoup de douceur. Elle qui raffole des jeunes garçons se surprend elle-même à observer ses rides, ses mains tachées, son style un peu guindé. Et, une fois n'est pas coutume, elle n'a pas de pensées déplacées qui lui traversent l'esprit en le regardant.

– Votre fille a-t-elle un thème de prédilection pour ce grand jour ?

– Elle a passé toutes ces vacances d'été dans cette maison, donc le thème de la mer, des dunes, des pins nous paraît assez évident.

– Très bien, nous pouvons vous faire des propositions en images et lui envoyer par mail pour validation. Ce sera pour la décoration générale de la maison et du jardin. Avez-vous des photos du lieu pour que je me fasse une idée ?

– J'en ai quelques-unes dans mon téléphone. Mais le mieux serait de venir sur place, qu'en pensez-vous ?

– Oui, bien sûr. Maxime, dit Corinne en se tournant vers son assistant, tu caleras un rendez-vous chez Monsieur Archambaud avant son départ s'il te plaît.

– C'est noté, répond Maxime, amusé de sentir sa patronne contenir son excitation.

– Pour le traiteur, y a-t-il des demandes particulières ?

– Non, nous sommes assez ouverts. Mais je veux que les gens s'en souviennent positivement ! Je suis allé à trop de mariages où le dîner était décevant, froid ou mal servi.

Tout le monde ne raffole pas des brocolis

Tout en parlant, l'homme regarde attentivement le bureau de Corinne. Il semble enregistrer chaque détail. Ses yeux se posent tour à tour sur une statuette en bois rapportée du Kenya, la reproduction d'une peinture d'Edward Hopper, un petit fauteuil Empire où Corinne aime s'asseoir pour lire. Puis son regard émeraude se plante à nouveau dans celui de la prestataire.

– J'ai ouï dire que vous aviez l'exclusivité avec ce fameux traiteur Dugent qui vient de s'installer à Bordeaux. Il est vraiment bien ?

– J'allais justement vous le proposer. Nous le trouvons excellent, n'est-ce pas Maxime ?

– C'est tout à fait le genre qu'il vous faut, assure le jeune homme. Il s'adapte à toutes les demandes et laissera sans aucun doute un souvenir impérissable à vos invités.

– Pourrions-nous goûter ce qu'il propose ?

– Bien sûr ! Cela fait partie de notre protocole. Nous pourrons nous y rendre ensemble si vous le souhaitez.

– Eh bien, ça nous fait déjà deux occasions de nous revoir, ce qui me réjouit chère Madame.

Le cœur battant, Corinne se racle la gorge pour reprendre la parole.

– Dans votre e-mail, vous nous avez parlé d'un mariage à la mairie suivi d'une cérémonie laïque dans le jardin. Pouvez-vous m'en dire un peu plus ?

– Eh bien voyez-vous, nous ne sommes pas très portés sur la religion dans ma famille. Pour autant, nous trouvons qu'un simple passage à la mairie manque un peu de magie. Mon épouse et moi, nous sommes mariés en Californie dans une communauté hippie à la fin des années soixante-dix. Notre fille a toujours idéalisé ce mariage en couronne de fleurs et pieds nus. Elle voudrait reproduire ce schéma, à sa façon.

– Très bien. Cela se fera sans doute dans la maison puisque nous serons au cœur de l'hiver, mais nous pouvons prévoir une cérémonie avec une couronne de fleurs, des bougies et une décoration un peu féerique. Nous allons vous faire des propositions avec le fleuriste avec lequel nous avons l'habitude de travailler. On peut dire que c'est un vrai magicien.

– Nous connaissons également une personne qui propose des rituels d'unions laïques, ajoute Maxime. Aurons-nous la possibilité d'échanger avec votre fille par mail ou, mieux, par vidéoconférence pour en parler avec elle et saisir au mieux ses envies?

– Bien évidemment. Marie est très connectée. Elle m'a d'ailleurs fait part de son envie d'échanger avec vous de vive voix. C'est elle qui vous a trouvés sur Internet vous savez, moi je ne suis que son humble serviteur. Mais j'avoue être ravi que le destin m'ait mis sur votre route.

La conversation se poursuit autour des plans B en cas de pluie ou tempête, du choix du DJ et du déroulé idéal du mariage heure par heure. L'horaire du mariage civil à la mairie étant fixé à 15 heures, le reste du planning serait à fixer pour faire de l'après-midi un moment inoubliable en attendant la soirée de fête.

– Ah oui, une dernière chose. J'aimerais emmener les jeunes mariés depuis la mairie jusqu'à la maison dans mon bateau. Je dispose d'un débarcadère privé. Mais je vous montrerai tout cela quand vous viendrez, chère Madame.

L'homme se lève. La main tendue, Corinne se retrouve tout étonnée quand il lui fait un baisemain. Cela ne lui est pas arrivé depuis tant d'années!

Même ses manières à l'ancienne, ses « chère Madame », me plaisent bien… Quel charme! On dirait Sean Connery avec des yeux verts et l'accent du Sud-Ouest.

– À très bientôt, Monsieur Archambaud, je vous laisse voir avec Maxime pour le contrat et les dates de rendez-vous.

– Au revoir, ce fut un plaisir de vous rencontrer.

Oubliés les Carlo, Lorenzo et autre Satiane… Corinne a bien envie de passer à un nouveau régime.

Bien mûr.

20

Premier samedi de juillet, 10 heures. Tout est prêt pour le nettoyage du quartier Nansouty. C'est la première fois que la mairie organise cet événement de sensibilisation à la propreté. Des petites tentes sont installées çà et là sur la place centrale avec des stands d'associations qui font la promotion d'écogestes ou de matériel pour réduire ses déchets.

Toute la bande des Jeunes Écologistes de Bordeaux est là. Amandine, Théo, Momo et leurs comparses ont chacun enfilé un t-shirt avec le logo de l'association et vérifient ensemble une dernière fois le déroulé de la journée.

De son côté, Charlotte se prépare, elle aussi, à cet événement festif. Elle a même réussi à convaincre Alexandre de participer. Celui-ci traîne un peu la patte. C'est évident qu'il préférerait passer son samedi matin à jouer au tennis ou courir sur les quais de la Garonne... Mais il sait combien cela compte pour sa compagne et souhaite avant tout lui faire plaisir. Il sent qu'il doit un peu plus rentrer dans son monde s'il veut retrouver la flamme des premiers jours. *Elle a tellement changé depuis qu'on s'est rencontrés...*

— Tu sais chéri, on peut croire que tout ça ne sert à rien, qu'on se bat contre des moulins à vent. Mais moi, je pense qu'à force d'agir, on montre le bon exemple à notre fille et que dans une ou deux générations, notre société aura changé de vision des choses.

— Peut-être. J'attends de voir comment va se passer la journée et surtout combien de temps ça va prendre pour que les trottoirs soient à nouveau dégueulasses...

– Si on pense comme ça, on ne fait jamais rien! Moi je fais ma part, comme le petit colibri, dit Charlotte dans un demi-sourire.

– Qu'est-ce que tu racontes ma Charlie, tu te prends pour un oiseau maintenant? s'amuse Alexandre.

– Je t'ai déjà raconté l'histoire du colibri non? C'est une jolie légende d'Amérique du Sud. Un jour, il y a un incendie dans une forêt. Tous les animaux sont paniqués et courent dans tous les sens. Tous… sauf le colibri qui, inlassablement, va chercher une goutte après l'autre dans la rivière pour essayer d'éteindre le feu. Le fennec, agacé par son petit manège, le sermonne en lui disant que ça ne sert à rien. Et là le colibri lui répond «Peut-être… mais je fais ma part».

Charlotte s'accroupit pour aider Lila à faire ses lacets.

– Si je te suis, je suis un méchant fennec qui pue et toi un joli colibri qui assure, c'est ça? rit Alexandre.

– Disons que tu es un colibri en devenir. Toi aussi, tu peux changer les choses, il suffit de le vouloir. Allez, on y va les amours?

Quand ils arrivent sur la place principale du quartier, nombre d'habitants ont déjà répondu à l'appel. Charlotte retrouve des adhérents de l'AMAP, ravis de participer à cette nouvelle expérience. Elle salue Amandine et Théo, qu'elle croise les bras chargés de sacs-poubelles.

– Ta mère n'est pas là, Amandine?

– Oh, tu penses bien qu'elle a mieux à faire que de «nettoyer la merde des autres» selon ses propres mots.

– Ah ah, je la reconnais bien là. Elle y viendra aussi, ne t'en fais pas. Toi tu es venue en force avec ta bande à ce que je vois?

– Oui, et on espère bien faire bouger les choses. On veut montrer que les jeunes ne sont pas tous lobotomisés par leur Smartphone!

Le maire de quartier interrompt leur conversation: c'est l'heure du discours, celui qui ouvre officiellement la journée.

– Bienvenue à tous pour cette matinée de nettoyage des rues. Nous vous remercions d'être aussi nombreux pour cette opération inédite que nous avons préparée avec les services de nettoyage de la ville et l'association Surfrider Foundation, plus habituée aux nettoyages des plages du littoral que des trottoirs. Nous allons vous distri-

Tout le monde ne raffole pas des brocolis

buer le matériel nécessaire pour ramasser un maximum de détritus. Nous éviterons cependant les crottes de chien et les déchets dangereux, vous pourrez les signaler sur une carte que nous allons vous distribuer. Nos agents les nettoieront et nous les noterons dans le bilan de la journée. Je voulais aussi vous annoncer l'installation prochaine d'une boîte à dons. À l'instar des boîtes à lire où vous pouvez déposer et prendre des livres à votre guise, la boîte à dons vous permet de laisser les objets dont vous ne voulez plus et de prendre ceux laissés par d'autres. Cela fonctionne très bien dans d'autres villes de France et d'Europe, je suis heureux que nous fassions l'essai dans notre quartier et ne doute pas que vous saurez en faire bon usage !

Un bruissement de contentement parcourt l'assemblée, visiblement ravie de cette annonce.

– Maintenant je laisse la parole à Madame Martin qui a coordonné cette journée. Merci de votre attention et bon travail à tous !

Quelques applaudissements fusent puis la coordinatrice donne le mode d'emploi à suivre. Les déchets doivent être ramassés selon leur type : mégots, papiers, bouteilles en plastique, emballages, canettes… Chaque équipe dispose d'un sac par type de déchets. À la fin de la matinée, tous seront pesés ce qui permettra de quantifier les ordures ramassées en deux heures sur un secteur précis. Toutes les rues ne seront pas passées au peigne fin, faute de temps, aussi les organisateurs distribuent-ils une carte avec les rues à ratisser par chaque équipe. Quinze équipes de quatre. Toutes pressées d'en découdre. On dirait même qu'un esprit de compétition flotte dans l'air…

Charlotte se retrouve avec son voisin Stéphane et son fils Enzo, toujours partants pour la bonne cause. Lila est missionnée pour ramasser les papiers, le déchet le moins dangereux aux yeux de sa mère. La fillette, adorable avec sa petite salopette à fleurs, est toute fière d'enfiler des gants, même si ceux-ci sont trois fois trop grands pour elle. Charlotte et elle iront à leur rythme, l'essentiel étant de participer.

La matinée file à toute allure, chaque équipe scrute les trottoirs des deux côtés de la rue, les caniveaux, les espaces en friche. Bizarrement, Alexandre se prend au jeu. Il est en charge des mégots et en profite pour faire sa séance de gym en pliant les genoux.

– Flexion… Extension… répète-t-il à chaque fois qu'il s'accroupit, ce qui amuse beaucoup le petit Enzo qui fait de même en ramassant les canettes en aluminium.

Vers midi, toutes les équipes se retrouvent sur la place pour faire le bilan. La quantité de déchets ramassée est impressionnante. Les habitants hésitent entre colère, indignation et résignation. Les conversations vont bon train pour trouver des solutions au manque de civisme des autres habitants.

Puis c'est l'heure de la Disco Soupe. Tous sont invités à éplucher en musique les pauvres fruits et légumes évincés des étals parce que pas assez beaux ou pas assez brillants. Ils sont pourtant loin d'être pourris! Quel gâchis. Amandine est aux premières loges pour aiguiller les volontaires sur les différents stands: nettoyage, épluchage, découpe, assemblage. Comme le temps est radieux, l'équipe a choisi des recettes toutes fraîches: salades de légumes crus et de fruits frais, smoothies, jus. D'autres personnes ont également cuisiné des tartes salées, des cakes ou encore apporté du fromage. Le repas partagé est très convivial et se poursuit en musique. Certains se mettent même à danser ce qui ravit Théo qui avait longuement peaufiné sa *play-list*.

La gratuiterie a beaucoup de succès. Les gens ont apporté des objets dont ils ne voulaient plus et qui font le bonheur d'autres voisins. Plus surprenant, certains objets ont été ajoutés suite au nettoyage des rues.

– C'est fou ce que les gens mettent sur le trottoir, s'étonne Alexandre. Regarde, Charlie, il y a carrément une valise, une chaise pour bébé et un lot de tasses… même pas cassées en plus!

– À croire qu'ils ne connaissent pas Emmaüs ou le Secours populaire… Enfin, l'essentiel, c'est que ces objets trouvent de nouveaux propriétaires!

La fin de journée arrive. Alexandre rentre avec Lila, bien fatiguée d'avoir gambadé. Elle a même dansé avec son papa sur des musiques bizarres. Charlotte se retrouve seule et fait un crochet à l'apéro de fin de saison de l'AMAP. La vente des paniers est ralentie pendant l'été, vacances oblige et la distribution sera totalement suspendue au mois d'août.

Charlotte repère tout de suite Rémi, encore plus fringant que d'habitude dans son polo rayé bordeaux et blanc, les couleurs de l'UBB, le club de rugby de la ville.

Tout le monde ne raffole pas des brocolis

– Alors Charlotte, comment va la vie ?

– Eh bien pas mal. On était au nettoyage du quartier, c'était assez intéressant comme expérience !

– On ? Tu veux dire que ton mec t'a accompagnée pour une fois ?

– Oui, pourquoi tu dis ça ?

– Disons que j'ai l'impression que vous n'êtes pas souvent sur la même longueur d'onde tous les deux. Je ne le vois jamais, tu sembles avancer toute seule sur ton chemin d'apprentie écolo.

– Il essaie, tu sais. Je pense que l'expérience d'aujourd'hui va le faire réfléchir.

Charlotte est mal à l'aise. Elle n'aime pas qu'on s'en prenne à Alexandre. Mais elle ne peut s'empêcher d'être troublée face à Rémi.

– Tant mieux. En tout cas, moi, je suis bien conscient de l'urgence écologique. Et je serais prêt à vous accueillir demain avec ta fille sur mon domaine si l'apocalypse arrive !

– On a encore un peu de temps avant la fin du monde non ? dit Charlotte dans un demi-sourire.

– Ah qui sait… On vit une période un peu trouble quand même. Certains disent que tout peut s'effondrer d'ici trente ans[1], que des fissures se font déjà sentir dans le système actuel. Mieux vaut préparer dès aujourd'hui des plans B, lui lance Rémi dans un clin d'œil.

Le jeune maraîcher semble s'amuser du trouble qu'il produit systématiquement sur la jeune maman. Il n'est pas dupe et voit très bien que Charlotte le trouve séduisant. Sur le point de la quitter, il lui replace une boucle rousse derrière l'oreille :

– Bonne nuit Charlotte. Réfléchis bien à ma proposition… Tu sais que je dis rarement des paroles en l'air…

---

1. *Tout peut s'effondrer*, Pablo Servigne et Raphaël Sivens, Éditions du Seuil.

21

Amandine est à la fois surexcitée et bourrée d'appréhension. Sur le chemin qui les mène à l'écolieu où ils vont passer leur été, elle ne cesse de poser des questions à Théo.

— Tu crois qu'on va bien s'entendre avec eux ? Tu sais s'il y a beaucoup d'artistes en résidence en ce moment ? Et des wwoofeurs ? Je suis sûre qu'il y en a au moins un. J'ai hâte de connaître les enfants du centre de loisirs d'à côté. Tu crois qu'ils vont m'aimer ?

Théo lui répond de bon cœur, amusé par son enthousiasme presque enfantin.

— Yannick ne m'a pas trop donné de détails. Tout ce que je sais, c'est qu'ils nous attendent de pied ferme. Ils sont toujours preneurs de bras pour aider et d'idées neuves pour nourrir le projet. Ah voilà, c'est là, il faut tourner à droite.

La voiture s'engage sur un petit chemin de terre. Théo se gare sur le parking improvisé et les tourtereaux sortent de la voiture pour contempler l'endroit où ils passeront les six prochaines semaines. Plusieurs maisons en bois ont pris place sur un terrain jonché de pâquerettes. Une imposante serre trône au milieu. Tout autour, un potager, une prairie où paissent quelques moutons et une chèvre, un enclos où l'on aperçoit des poules, une mare et ses canards, une balançoire et une petite roulotte tsigane.

Un labrador accueille le couple en jappant, la queue battant l'air frénétiquement. Il est suivi de près par un jeune homme aux dreadlocks impressionnantes.

– Théo mon frère, t'es là! 'Tain, je suis trop content de te voir mon gars!

– Eh! Salut, Yannick, moi aussi! Je te présente Amandine, ma petite chérie!

– Salut Amandine, bienvenue dans notre paradis!

– Bonjour Yannick, ravie de faire ta connaissance!

Amandine est intimidée par l'apparence peu ordinaire du coordinateur du lieu. En plus de ses longues tresses brunes, le jeune homme porte d'immenses boucles d'oreilles, des tatouages sur les avant-bras et un bonnet rasta. Ça la change des garçons propres de son école de commerce…

– Je vous fais visiter, ça vous dit? Et après je vous montrerai votre chambre pour vous installer peinards avant qu'on se mette en cuisine pour le dîner.

Le groupe se dirige vers le potager et la serre où commence la visite.

– C'est là qu'on fait pousser nos légumes. On essaie d'être au maximum autonomes, comme ça, on n'a besoin de personne et on sait comment nos légumes grandissent. Entre le compost, les poules et nos petites préparations magiques maison, on se passe facilement d'engrais et de pesticides.

– Et vous produisez beaucoup? demande timidement Amandine.

– On sort vingt paniers pour nos adhérents chaque semaine. Ils ont des légumes super frais, et nous, on a un revenu fixe qui tombe chaque mois. C'est plus simple pour gérer les finances de l'asso.

Les jeunes gens gagnent le poulailler. Une vingtaine de poules et leurs poussins grattent le sol à la recherche de quelque trésor à se mettre sous le bec. Le coq se met à s'époumoner dans un cocorico guerrier.

– Voici Enrico, le chef de la basse-cour, son harem et sa descendance. On utilise les œufs pour notre conso personnelle et on vend le surplus à nos adhérents. Les poules mangent nos épluchures, nos restes de pain et les légumes qu'on ne vend pas. Elles sont plutôt cool et même câlines si on est un peu patient avec elles!

Après avoir traversé un jardin fleuri et l'espace de jeu pour enfants, le petit groupe arrive devant un grand chalet. Amandine le trouve magnifique. Elle s'imagine aussitôt dans une maison de ce style avec Théo et leurs quatre enfants. Deux mois qu'ils sont ensemble et elle fait déjà des plans sur la comète…

– Ici, c'est la maison des artistes. C'est là que travaillent ceux qui viennent en résidence chez nous. On leur loue une chambre à petit prix, avec la possibilité de travailler leur art, le plus souvent l'écriture et

Tout le monde ne raffole pas des brocolis

la peinture. En échange, ils filent un coup de main sur la ferme. En réalité, tout le monde se nourrit de ces échanges, au sens propre comme au figuré.

Les trois jeunes gens entrent dans la maison et saluent un groupe assis autour d'une table jonchée de feuilles noircies.

– Les gars, je vous présente Amandine et Théo qui vont passer les prochaines semaines avec nous. Amandine, Théo, voici Maïwenn qui est plasticienne, Ousmane sculpteur et Véro poète… et pas qu'un peu !

L'accueil est souriant. Yannick entraîne les amoureux vers le fond du couloir en s'exclamant :

– Et voilà mon petit bijou : le studio radio !

– Top, tu l'as fait ! Comment tu dois être trop fier !

Les deux garçons se tapent dans les mains dans un enchaînement de gestes connus d'eux seuls. Amandine s'amuse de voir comme Théo s'est très vite remis au diapason de son ami rasta.

Cette petite pièce bien isolée est en effet idéale pour l'enregistrement d'émissions régulières ou exceptionnelles, selon l'activité du lieu. Au centre, quatre micros assortis de leurs casques attendent leurs invités autour d'une table. Une console de mixage installée sur le côté permet, selon Yannick, un rendu de qualité professionnelle.

– On diffuse nos émissions sur le Web. Vous pourrez essayer si ça vous branche, on est toujours open à de nouveaux formats. Amandine, tu pourras tenter le coup avec les minots, tu vas voir, ils kiffent grave et ils sont souvent super doués !

– Ah oui, super, ça me dit bien !

Après être ressorti de la maison, le groupe arrive devant une cabane en bois avec plusieurs petites portes.

– Et voici nos toilettes sèches. Ici, on ne fait pas caca dans l'eau potable, mais dans la sciure de bois. Vous allez voir, c'est sans odeur et on s'y habitue très vite.

Amandine est un peu décontenancée. Elle avait beau se douter en voir ici, elle n'a jamais été dans des toilettes sèches et ne sait guère comment s'y prendre. Mais elle essaie de ne rien laisser paraître pour ne pas éveiller les soupçons des deux garçons. Yannick perçoit sa gêne et se met à expliquer le fonctionnement des toilettes.

– C'est presque comme des chiottes classiques. Tu fais ta petite affaire et quand t'as fini, tu mets un peu de sciure de bois dans le trou grâce au seau qui est à côté. Et c'est tout. On vide tout ça régulièrement sur un tas de fumier au fond du jardin, et ça se décompose tranquillou.

– C'est vrai que ça ne sent rien, remarque Théo. Ou plutôt si, ça sent le bois !

Franchement, ça fait de sacrées économies d'eau à l'année car on tourne vite à dix-quinze personnes chaque semaine. Et quand on sait qu'une chasse d'eau, c'est six litres d'eau minimum, je vous laisse faire le calcul…

Un adolescent d'une quinzaine d'années sort à ce moment-là de la cabine voisine.

– Ah, salut Kévin, je te présente Amandine et mon vieil ami Théo. Les gars, voici Kévin. C'est notre voisin qui vient très souvent nous filer un coup de main. Son père est agriculteur, il a un peu de mal avec nos méthodes agroécologiques. Mais comme il voit que ça fonctionne bien, on discute de plus en plus, c'est cool.

– Ouais, enfin, il ne veut toujours pas arrêter les insecticides tueurs d'abeilles… Ça me casse les…

– T'inquiète pas, on ne le changera pas par la force ton père. Mais à nous regarder faire et réussir, il y viendra sans doute aussi. Et puis les abeilles, elles restent chez nous au moins !

Amandine a bien compris que Yannick et Théo partageaient les mêmes convictions et la même passion pour les transmettre. Peut-être Yannick a-t-il l'air encore plus philosophe…

J'aimerais tellement voir la tête de ma mère si elle voyait ses cheveux… Elle serait décomposée ! Ça aurait été vraiment drôle si Théo était arrivé comme ça chez elle le soir du dîner !

– Voilà, on a fait le tour du propriétaire. Je vous montre votre chambre. En réalité, vous avez le choix : le dortoir à l'étage dans la maison des artistes ou la petite roulotte aménagée où vous serez tout seuls.

Le choix est rapide : Amandine est ravie de jouer la carte hippie jusqu'au bout. Vivre dans une roulotte, le rêve !

– Je vous laisse vous installer, on se retrouve à 19 heures dans la maison pour cocuisiner le repas de ce soir. On sera dix, alors il y a du boulot ! Moi je vais ramasser quelques légumes. Tu viens avec moi Kev ?

À l'heure dite, les amoureux rencontrent le reste de la troupe devant l'évier et les économes : Zoé s'occupe de la gestion administrative du lieu, Maider est bénévole comme eux et séjournera là pendant trois semaines, Andris est un wwoofeur tout juste débarqué de Lettonie. Il parle à peine le français, mais son large sourire suffit à le rendre éminemment sympathique.

Tout le monde ne raffole pas des brocolis

Les trois artistes sont également là ainsi que Yannick et Kévin, qui semble préférer la joyeuse troupe à son foyer. *Dix, le compte y est*, calcule Amandine. En cette chaude soirée de juillet, la mayonnaise prend vite entre les habitants du lieu.

L'été s'annonce bien!

Alors que sa fille s'émerveille d'un lieu de tous les possibles, Corinne s'extasie à son tour devant un autre endroit magique, à une centaine de kilomètres de là. La quinquagénaire a rendez-vous avec Laurent Archambaud sur le bassin d'Arcachon, pour les repérages du mariage de sa fille. Elle doit le rejoindre chez lui. Elle s'y rend seule, sans Maxime, ce qui l'a tout d'abord un peu inquiétée et finalement réjouie.

Enfin l'occasion de faire plus ample connaissance avec ce «sexygénaire»...

Son client la guide par téléphone pour atteindre le lieu, lové au cœur de la pinède, entre le bassin et l'Océan. Corinne gare sa Mini sur le parking de la maison et se fige à la vue de l'immense villa. Vue de derrière, on dirait un bateau avec sa coque en bois et ses fenêtres étroites.

Laurent Archambaud ouvre la porte. Ses yeux émeraude ont l'air encore plus étincelants que lors de leur première rencontre. Corinne marque un temps d'arrêt avant de lui tendre la main. Nouveau baisemain. Nouvelles palpitations.

Décidément, cet homme me fait un effet bœuf.

— Bienvenue dans mon petit paradis Corinne, j'espère qu'il va vous plaire autant que vous me plaisez.

Euh... Eh bien il y va fort. Au moins, je suis fixée...

L'organisatrice de mariage découvre la maison au fil d'une visite guidée. La demeure des années cinquante a été rénovée avec caractère il y a quelques années. La pièce à vivre est vaste et peut facilement accueillir la quarantaine d'invités prévus pour le mariage. Elle repère les canapés confortables, une immense table en bois clair, une cuisine ouverte et spacieuse pour le traiteur. Corinne coche mentalement une à une les cases «logistique de l'événement».

Dans le prolongement de la pièce au rez-de-chaussée et à l'étage, six chambres et deux grands dortoirs permettent de loger aisément une vingtaine de personnes. Chaque chambre est complétée d'une terrasse donnant sur le jardin boisé. Peu utile au moment de Noël, mais cela donne une belle perspective aux pièces.

Une immense baie vitrée ouverte sur le jardin entoure le salon. En face, une vue imprenable sur le bassin d'Arcachon. En ce début d'après-midi de juillet, la chaleur est bien présente mais facilement supportable grâce à la brise marine. Laurent emmène Corinne au fond du jardin pour le clou de la visite : un escalier plonge directement dans l'eau claire.

– Inutile d'aller à la plage, nous pouvons nous baigner directement ici. Pas de sable, pas de voisins de serviette. Le paradis sur Terre !

– Effectivement, vous avez là une maison splendide, Monsieur Archambaud.

– Appelez-moi Laurent, je vous en prie.

– Très bien, Laurent.

– Maintenant que nous avons vu la maison, je vous propose un petit tour en bateau pour évaluer la distance entre la maison et la mairie. Qu'en pensez-vous ?

– Allons-y, j'adore le bateau !

Décidément, cet homme sait y faire. Il a dû emballer bon nombre de femmes avec son pack tout inclus…

Après une longue promenade en bateau, Laurent insiste pour inviter Corinne à dîner dans un restaurant « les pieds dans l'eau » où il a visiblement ses habitudes. La quinquagénaire se laisse griser par le plateau de fruits de mer, le vin blanc fruité et la conversation délicieuse de son hôte qui alterne récits de voyage et questions personnelles.

Un homme qui sait vraiment écouter, c'est si rare… Mais c'est quand même un peu trop beau, j'en ai connu d'autres qui savaient manier aussi bien le verbe que la fourchette.

À la fin du dîner, Corinne est quasiment pompette. Laurent lui propose de rester dormir dans une des chambres d'amis : draps et serviettes propres, et même un pyjama de secours en soie l'attendent si elle le souhaite. Ça ne lui est jamais arrivé. Dormir chez un client ? Bordeaux n'est pas si loin et elle se sent encore la force de conduire.

Le lendemain matin, au volant de sa Mini, elle se demande si ce baiser qu'elle espérait tant s'était bien produit la veille. Oui, elle a un vague souvenir du chemin de retour du restaurant, les mains qui s'effleurent, les regards appuyés… et puis cette douce brise dans la pinède qui l'a bercée toute la nuit. Pourtant, elle était bien seule ce matin en se réveillant. Un mot était posé devant sa porte : « *Bonjour, vous dormiez si bien, je n'ai pas voulu vous réveiller. J'ai un rendez-vous important ce matin. Servez-vous dans les placards, le café est prêt. Vous pourrez laisser les clés sur le perron, derrière l'amphore. À très bientôt, Laurent.* »

22

Charlotte et sa petite famille arrivent sur leur lieu de vacances dans la vallée d'Ossau, au cœur des Pyrénées. Ils ont loué la maison d'une collègue *coworkeuse* d'Alexandre et la découvrent après trois heures de route chaotiques. Lila déteste la voiture, surtout le fait d'être attachée à son siège auto. Et elle le leur a bien fait comprendre en enchaînant chougnasseries, hurlements et pleurs. Les jeunes parents sont exténués et pressés de se poser.

Alexandre ouvre les verrous et la porte s'ouvre pour leur laisser découvrir la maison restaurée entièrement. Au rez-de-chaussée, un grand espace avec un coin salon sertis de deux énormes canapés moelleux, une cheminée et une cuisine ouverte. La pièce donne sur une immense terrasse en bois avec vue sur la vallée et la montagne.

Charlotte respire profondément. Elle attendait ces vacances avec impatience pour retrouver un peu de complicité avec son compagnon. Ils se sont vraiment éloignés l'un de l'autre depuis quelque temps. Ici, ils pourront profiter pleinement de la vie loin de l'agitation urbaine et de leur routine quotidienne.

Alexandre monte les valises à l'étage où se trouvent trois chambres. Lila le suit dans les escaliers et jette son dévolu sur une pièce à la décoration enfantine. Elle se met aussitôt à jouer avec les peluches à disposition. Pendant qu'Alexandre finit de sortir les affaires de la voiture, Charlotte vide les valises et fait les lits. La pile de livres qu'elle a prévu de dévorer pendant les siestes de Lila et les soirées sans télé est impressionnante : *80 hommes pour changer le monde, Comment je suis devenu plus humain, L'économie symbiotique, Changer le monde en deux heures…* Soit des portraits d'entrepreneurs qui ont pris conscience de l'impact positif que peuvent avoir leurs actions sur la société et le monde, des idées pratiques et faciles à mettre en œuvre, un essai sur une refonte complète du système économique en imitant le modèle de la nature… Elle les laisse bien en vue sur la table de chevet en espérant qu'Alexandre aura envie d'y jeter un œil.

Vient ensuite le moment d'aller faire quelques courses. En rase campagne, point de magasin bio, la jeune maman est bien obligée de se résoudre à se rendre dans un supermarché traditionnel. Alexandre est ravi, il va pouvoir faire une cure de *junk food :* chips, cacahuètes, sandwichs, nuggets… Lila en profite également pour réclamer des aliments qu'elle ne connaît pas, mais qui ont l'air si rigolo avec des dinosaures et des singes dessinés sur la boîte. Charlotte ronge son frein mais lâche la bride. Après tout, on peut bien manger industriel deux semaines dans l'année sans y laisser sa santé… En revanche, pour les légumes et les fruits, pas d'hésitation, ils iront au petit marché de producteurs locaux du village voisin le surlendemain.

De retour à la maison, alors que Lila dessine, le couple se plonge dans les différents prospectus laissés par la propriétaire pour établir le programme des jours à venir. La jeune femme compte bien faire le plein de nature et de grand air. Les chemins de randonnée sont nombreux, les balades peuvent être ponctuées d'arrêts pique-nique au bord de jolis lacs. Certaines excursions sont incontournables comme la passerelle d'Holzarte ou encore les grottes de la Verna…

– Tu penses que c'est jouable les grottes pour Lila ? Ils ne précisent pas l'âge minimum sur le dépliant, demande Alexandre.

– Je les appellerai demain. Ou on peut y passer, c'est juste à côté.

– Il faudra aussi prévoir des sorties un peu plus adaptées pour elle. Regarde, il y a un parc de jeux accessible dès six mois.

– OK, mais n'oublions pas de nous amuser nous aussi ! lance Charlotte dans un clin d'œil.

– Ah ça oui, et je pense qu'on pourrait commencer dès ce soir… répond son compagnon en l'enlaçant avec malice.

Corinne arrive chez des amis de Laurent en Dordogne. Elle s'est laissée convaincre d'y séjourner pour se reposer un peu. L'été étant la saison des mariages, elle ne peut se permettre de prendre des vacances.

Tout le monde ne raffole pas des brocolis

Elle profite d'un temps mort entre deux gros événements pour s'échapper. Une nuit à la campagne, pas trop loin de Bordeaux, cela reste raisonnable.

Les amis de Laurent, Catherine et Michel, ont ouvert un gîte chaleureux pour accueillir les touristes en quête de calme et de verdure. Entouré de forêt et doté d'une piscine naturelle, ce petit coin de nature est idéal pour déconnecter. D'ailleurs, Corinne comprend rapidement que son téléphone ne capte pas. L'occasion pour une détox digitale forcée qu'elle va devoir accepter. Après tout, Maxime et Salomé peuvent bien gérer BWF sans elle pendant deux jours…

Corinne chantonne en déballant ses affaires dans la chambre alors que Laurent discute business avec ses amis. Depuis leur baiser au Cap Ferret, les choses sont allées très vite. De dîners en pièces de théâtre et balades dans les ruelles étroites du vieux Bordeaux, Corinne se laisse charmer par le sexagénaire et oublie ses appréhensions. Après tout, on peut parfois tomber sans se faire mal. Tomber amoureuse ne devrait pas faire exception à la règle.

Quand au petit matin, après deux nuits délicieuses sur place – entre baignade, balade et apéros à refaire le monde –, Laurent lui propose de rentrer à Bordeaux en faisant un crochet par le Hameau des Abeilles où séjourne Amandine, Corinne comprend qu'elle est amoureuse. Et pour de bon.

Amandine est un peu surprise de la voir arriver à l'heure du déjeuner, mais elle est curieuse de voir comment sa mère va réagir à la vue du lieu… et de ses habitants. Mère et fille ne se sont pas croisées depuis plusieurs semaines et leurs contacts téléphoniques sont rarissimes.

– Salut, Maman, je ne m'attendais pas à te voir débarquer ici. Tu n'as pas peur d'attraper une maladie avec tous ces hippies ?

Corinne embrasse sa fille, trop heureuse de la voir souriante et détendue.

– Bonjour, ma fille, eh bien je vois que côtoyer ces fameux hippies ne t'a pas fait perdre ta langue bien pendue… Figure-toi que c'est Laurent qui l'a proposé et j'ai tout de suite accepté.

– Je plaide coupable, s'avance le sexagénaire dans un éclat de rire. Je me suis dit que ce serait bien de voir de nos propres yeux cet endroit spécial dans lequel tu évolues.

Amandine est curieuse de faire la connaissance de Laurent. Sa mère ne lui a jamais présenté d'homme depuis la séparation avec son père il y a trois ans. Étrangement, elle ne se sent même pas mal à l'aise.

— Venez avec moi, je vais vous faire visiter. Ça tombe bien, je n'ai pas d'animations aujourd'hui, c'est un jour « off ». Théo est parti surfer avec des potes sur la côte, moi j'avais envie de me poser un peu ici.

Amandine leur fait faire le tour du propriétaire en racontant le potager, les serres, le poulailler, les résidences d'artistes, les toilettes sèches, le studio radio, les enfants du village, les habitats légers, la simplicité volontaire. Corinne boit ses paroles, subjuguée par l'aisance avec laquelle sa fille s'exprime et de voir comment elle a intégré en moins d'un mois toute une façon de vivre si loin de la leur.

C'est alors que Yannick arrive, dreads toujours plus longues et bonnet rasta en équilibre incertain à l'arrière de sa tête.

— Bonjour m'sieur-dame, comment allez-vous aujourd'hui?

— Yannick, je te présente ma mère et son… ami, Laurent.

— Bienvenue chez nous! Ça vous plaît ou bien?

— Bien! répond Corinne. C'est vraiment un endroit très joli… quand on aime avoir de la boue aux pieds.

La quinquagénaire baisse les yeux vers ses Stan Smith flambant neuves légèrement crottées.

— Alors, Yannick, racontez-nous un peu, pourquoi avoir monté ce lieu? C'est une communauté baba cool c'est ça?

— Pas vraiment non… Disons qu'aujourd'hui, notre société est confrontée à trop de problèmes qui nous tétanisent comme le changement climatique, l'accroissement des inégalités, la destruction des écosystèmes… Nous, on veut expérimenter d'autres façons de produire et de consommer en respectant l'homme et l'environnement. On cherche des solutions, on tâtonne, mais on essaie de faire toujours de notre mieux. Chaque jour apporte son lot de questions, on ne se repose jamais sur nos lauriers.

— Et vous arrivez à en vivre de toute cette recherche permanente?

— Ah, ça faisait longtemps que tu n'avais pas remis l'argent au cœur de la discussion maman. Je te félicite, il t'aura bien fallu quarante-cinq minutes cette fois!

— T'inquiète Amandine, c'est normal de poser la question, elle a raison ta *madre*, reprend Yannick. Oui, Madame, on arrive à en vivre. Le secret, c'est de diversifier nos propositions. Et de pratiquer la coopération. Vous voyez, l'individualisme nous mène à notre perte.

Tout le monde ne raffole pas des brocolis

On veut montrer qu'en se rassemblant, on est plus forts, plus intelligents et on va bien plus loin. Ceux qui nous prennent pour des utopistes depuis dix ans sont bien forcés de constater qu'aujourd'hui ça fonctionne plutôt bien. Ça leur cloue le bec, mais nous, on est surtout contents de vivre notre idéal. Même les politiques viennent nous observer, c'est dire qu'on inspire…

— Et alors, ils ont envie de dupliquer le modèle? demande Laurent, qui semble fort intéressé par les propos du coordinateur.

— Oui. Parce qu'ici on réinvente le lien social qui s'est distendu à la campagne à cause de l'attrait des villes. On varie tellement les expériences que tout le monde, à tout âge, peut s'y retrouver. Il suffit d'être un peu curieux!

— Et… peut-on organiser des mariages ici? Je pose la question car c'est mon métier! interroge Corinne.

— Ben, disons qu'on l'a jamais fait, mais pourquoi pas… On n'est fermés à rien nous!

La journée se poursuit sous un soleil radieux comme seul le mois d'août sait en donner. Les échanges entre Amandine et sa mère semblent s'adoucir au contact de la bienveillance de Yannick et de la curiosité de Laurent. Ce dernier profite d'ailleurs de l'occasion pour partager ses expériences de la vie en communauté hippie dans les années soixante.

Amandine est subjuguée de voir que sa mère peut elle aussi aimer un « baba cool », même si celui-ci semble avoir remisé depuis belle lurette au grenier sa couronne de fleurs.

23

Corinne est attablée à la terrasse d'un bar des Chartrons, à deux pas de son bureau. Elle qui n'a pas souhaité vivre dans ce quartier aime toutefois s'y promener et y passer du temps. Il lui rappelle un peu le quartier du Marais, à Paris, ses boutiques branchées, son esprit village, sa population mélangée... Bordelaise de naissance, elle aime toujours se rendre «à la capitale», notamment pour les grands salons du mariage qui ont lieu une fois par an.

En cette fin d'été, à l'heure de l'apéritif, il fait encore chaud mais la fraîcheur du crépuscule commence à se faire sentir. Les terrasses de la grande place du marché sont noires de monde: jeunes parents avec poussettes, ados assortis de leurs skateboards, hipsters barbus, jeunes retraités... Ce quartier semble être en ébullition perpétuelle.

En attendant Laurent, elle a commandé une eau pétillante assortie d'une rondelle de citron. Depuis qu'elle est amoureuse, elle a drastiquement baissé sa consommation de bière... et d'alcool en général. Elle valide ainsi le fameux dicton «vivre d'amour et d'eau fraîche».

La cheffe d'entreprise fait le bilan des derniers mois. Que de changements dans sa vie! Il y a encore peu de temps, elle ne se serait jamais autorisé ce genre de pause pour simplement observer les gens passer...

Sa santé s'est nettement améliorée grâce aux conseils de son amie Béatrice suivis de sa rencontre avec la naturopathe. Même si elle n'a pas suivi toutes ses recommandations, elle a trouvé une hygiène alimentaire qui convient parfaitement à son rythme de vie. Les maux de ventre ne sont qu'un lointain souvenir, les insomnies ont disparu, c'est presque trop beau pour être vrai.

La pratique hebdomadaire du yoga avec le beau Satiane a largement contribué à la rendre plus zen, plus ancrée dans le moment présent. Corinne a pris goût à cette pause dans le rythme effréné de sa semaine. Le charme du professeur n'y est certainement pas pour rien… Elle ressent un vrai manque les rares fois où elle ne peut s'y rendre.

Et puis… il y a bien sûr sa rencontre avec Laurent. L'évidence. Cela fait à peine deux mois qu'ils sont ensemble, et pourtant, elle a le sentiment qu'elle le connaît depuis toujours. Elle en a oublié sa collection d'amants de vingt ans qui peuplaient ses nuits mais désertaient son cœur.

La sonnerie du téléphone la tire de sa rêverie.

Tiens, ça fait un bail qu'il ne m'a pas appelée celui-là…

— Allô, Pierre, tout va bien ?

— Bonjour, Corinne, tout va pour le mieux, je suis à nouveau papa ! Mon petit Louis est né ce matin, je suis fou de joie.

Corinne ne peut empêcher un léger pincement s'accrocher à son cœur. Elle savait que la compagne de Pierre était enceinte, mais ce brusque retour à la réalité la ramène à la fin définitive de son amour de jeunesse. Le premier, celui qui vous marque pour la vie.

— Félicitations Pierre. Jeune papa à 52 ans, ça ne va pas être simple tous les jours. J'espère que tu continues à avoir une hygiène de vie irréprochable pour tenir le coup, mais c'est vrai que tu n'as pas trop connu les nuits sans sommeil toi…

— Toujours aussi sarcastique à ce que je vois… Ne t'en fais pas pour moi, je suis sur un nuage, tout va bien se passer. Et Natacha est aux anges, elle sera une mère parfaite.

— Je n'en doute pas.

— Changeons de sujet. Comment vas-tu ? Et Amandine ? Je ne l'ai pas eue au téléphone depuis des semaines.

— Ta fille est amoureuse que veux-tu… Elle file le parfait amour avec un écolo radical qui l'a entraînée dans un camp de hippies pour six semaines. Mais elle s'en tire très bien et m'épate par sa détermination à vouloir changer le monde.

— Rien que ça ! Je vais l'appeler juste après pour prendre de ses nouvelles et lui annoncer qu'elle est grande sœur ! Et toi, quoi de neuf ?

Tout le monde ne raffole pas des brocolis

– Eh bien j'ai beaucoup bossé cet été, pas mal de mariages et de fêtes de famille. Et… j'ai rencontré quelqu'un.

– Ah… et c'est qui?

Le ton jovial de Pierre a laissé place à un phrasé beaucoup plus sec.

– Il s'appelle Laurent, il a 62 ans, c'est un jeune retraité hyperactif qui m'emmène pique-niquer en bateau sur le banc d'Arguin.

Corinne a volontairement détaché les syllabes de la phrase pour susciter la jalousie de Pierre. Il n'y a pas de raison qu'elle soit la seule à regretter la débâcle de leur histoire d'amour. Son ex prétexte un double appel pour raccrocher bien vite.

Touché…

Peu de temps après, Laurent arrive et le couple échafaude les plans de leur soirée. C'est en plein milieu d'un débat entre tester un nouveau restaurant coréen ou aller voir le film du moment que Charlotte les interpelle.

– Bonsoir, les voisins, que faites-vous dans le quartier?

Corinne invite la jeune maman à s'asseoir et à leur raconter ses vacances.

– OK mais pas longtemps, Alex et Lila m'attendent pour le dîner. Nous avons passé des vacances magnifiques dans la vallée d'Ossau. C'est vraiment un endroit magique. Vous connaissez?

– Ah oui, enchaîne Laurent. J'ai passé plusieurs étés là-bas quand j'étais pitchoune. Mon grand-père avait un chalet dans les estives. Le bonheur!

– J'imagine que ça doit laisser des traces. Alexandre et moi étions comme des enfants devant la beauté des lacs, des paysages… Et Lila a adoré!

– Est-ce que vous êtes allés vous promener du côté de la passerelle d'Holzarte?

– Oh oui! Un moment magique! Lila a grimpé comme une grande tout le chemin, et quel spectacle en arrivant… Ce pont suspendu est une pure merveille! En revanche, j'ai pesté sur la saleté, les gens jettent leurs papiers et leurs bouteilles n'importe où. Je n'ai pas pu m'empêcher de les ramasser, vous me connaissez…

Corinne change de sujet, mal à l'aise sur ce terrain, elle qui jetait allègrement ses mégots par terre avant alors qu'elle s'était retrouvée nez à nez avec Charlotte il y a quelques mois.

— Et quels sont tes plans pour la rentrée?

— Lila va entrer à l'école. Je vais prendre le temps de l'accompagner et aller la chercher tôt au début pour qu'elle n'ait pas des journées trop longues… et moi non plus! Et puis, en octobre, je vais essayer de trouver quelques stages d'observation en entreprise *via* Pôle emploi afin de songer sérieusement à ma reconversion. D'ailleurs, si vous connaissez des entreprises chez qui c'est possible, j'étudie toute proposition!

— Eh bien viens chez moi! On est toujours contents d'accueillir des gens sympas chez Big Wedding Factory.

— Ah c'est drôle, je n'y avais même pas pensé! C'est une bonne idée, comme ça, je pourrai observer vos pratiques et te proposer des pistes pour des mariages plus écolos!

— Holà doucement, ma belle, ne commence pas déjà à vouloir tout chambouler dans ma petite organisation… Mais oui, bien entendu, si tu me fais des propositions concrètes et chiffrées, on pourra étudier ça.

— Corinne, c'est génial, je ne sais pas comment te remercier. On en reparle très vite, je dois vraiment filer.

— Bonne soirée voisine, à bientôt!

Corinne se tourne vers Laurent. Ses yeux de chat se perdent dans les yeux émeraude.

— Alors, on se le fait ce resto ou on rentre direct se faire une soirée couette?

24

Charlotte chantonne en brossant ses longs cheveux roux devant le miroir. Qui dit rentrée de septembre dit aussi rentrée de l'AMAP. La distribution des paniers bio va enfin reprendre de façon hebdomadaire. Elle se réjouit à l'idée de retrouver Rémi qu'elle n'a pas vu depuis le début de l'été. Leur relation est étrange. Elle est toujours intimidée à ses côtés, encore plus depuis l'épisode où elle s'est retrouvée seule dans la serre aromatique avec lui. Aujourd'hui, elle ne peut s'empêcher d'avoir des papillons dans le ventre à l'idée de le retrouver. Tout en culpabilisant par rapport à Alexandre qu'elle aime tellement. *Rêver, fantasmer… est-ce déjà tromper ?*

En arrivant au square où a lieu de la distribution, elle est surprise de voir que le jeune maraîcher n'est pas encore arrivé. Elle se rend sur le stand des fruits où Fanny a disposé ses paniers de nectarines, ses melons et les dernières fraises de la saison. Charlotte est en train de déguster une figue fraîche quand soudain le klaxon familier de la camionnette se fait entendre. Rémi en descend, suivi de près d'un jeune homme blond en salopette et chapeau de paille. Les deux hommes aidés par d'autres Amapiens installent en quelques secondes tréteaux et planches pour y déposer les paniers de légumes. Un vrai festival de couleurs avec les légumes de cette fin d'été : tomates anciennes bleues, vertes et rouges, aubergines violettes, poivrons, courgettes…

Charlotte s'approche timidement.

– Bonjour, Charlotte, comment vas-tu ? Tu as passé de bonnes vacances ?

— Oh oui je te remercie. Nous étions à la montagne, c'était magique. Et toi ça va ?

— On ne peut mieux ! Tiens, je te présente Christopher, il est Écossais.

— Enchantée, Christopher ! Je ne savais pas que tu avais recruté Rémi !

— Ah ah, c'est comme ça que tu appelles ça toi ? Christopher est venu faire du *wwoofing* fin juillet et… nous sommes tombés amoureux ! Alors il reste un peu plus longtemps que prévu.

La jeune femme devient aussi blanche qu'une asperge landaise.

Rémi est gay… alors ça, c'est la meilleure. Mais comment ai-je pu passer à côté de ça ?

Rémi, toujours aussi fin, sent son malaise.

— J'ai été le premier surpris, tu sais. Je n'avais jamais été attiré par les hommes. Mais avec Chris, c'est une évidence depuis le premier jour. Un vrai coup de foudre entre deux âmes.

Les deux hommes se regardent amoureusement. Charlotte est affreusement gênée.

— Bon je dois y aller, ma petite famille m'attend pour dîner et tu connais Lila quand elle a faim… Allez salut, à la semaine prochaine !

— Salut, Charlotte, prend bien soin de toi !

La jeune maman est encore sous le choc quand elle arrive chez elle. La stupeur commence à s'estomper alors qu'elle est en train de ciseler le basilic pourpre au-dessus de la salade de tomates. Un vrai camaïeu de rouges. C'est à ce moment précis qu'Alexandre débarque dans la cuisine en agitant un prospectus. Il est visiblement très excité.

— Charlie regarde ça, j'ai trouvé comment économiser sur les factures d'énergie et d'eau en relevant un défi entre voisins !

Charlotte s'essuie les mains sur son tablier, ne laissant rien paraître de son trouble.

— « Défi des familles à énergie positive. Économisez jusqu'à 200 euros sur vos factures d'énergie et d'eau grâce à des gestes simples. » C'est une super idée, dis donc !

— C'est Émilie qui m'en a parlé au boulot. Elle a déjà participé deux fois et elle recommence cette année. Chaque fois, elle baisse ses consommations. Et sans faire de travaux, juste en suivant de bonnes astuces.

Le couple s'installe autour de la table en bois installée dans leur petite cour. Lila est déjà en place dans sa chaise haute en train de manger des billes de melon avec ses doigts. Elle est terriblement concentrée pour ne pas en laisser tomber une seule.

Charlotte sert un peu de salade de tomates dans trois petits bols en faïence chinés à la boutique Emmaüs au bout de la rue.

— Et tu dis que ça se joue entre voisins ?

— Le principe est de créer des équipes par quartier. C'est le plus simple pour se motiver. Mais il y a aussi des équipes dans des entreprises ou des facs. Chaque équipe a son capitaine qui décide comment manager les différents participants.

— Et comment on sait si ça marche ?

— Au début du défi, tu inscris dans la plateforme sur Internet tes consommations de l'année précédente. On joue pendant la saison froide, quand le chauffage est allumé. D'ailleurs, tu savais que le chauffage, c'est 60 % de la facture, toi ? Bref... Tu rentres tes consommations de l'année d'avant et puis, chaque mois, tu relèves tes compteurs pour voir combien tu économises au fur et à mesure.

— Est-ce qu'on a de l'aide pour savoir comment faire ?

— Oui ! On est coaché par des experts en énergie qui donnent plein de conseils pour arriver à l'objectif minimum de 8 % d'économies. Émilie m'a dit que la plupart des gens font 15 %. Certains sont même allés jusqu'à 60 % une année ! À partir du moment où on rentre dans le défi, on se prend au jeu. Alors, ça te dit qu'on participe ?

— Bien sûr, tu penses bien ! Tu sais, toi tu vois les économies d'argent, moi je vois les économies de gaz à effet de serre... Et puis, si vraiment on fait baisser la facture, on pourra en profiter pour passer chez Énercoop, ce fournisseur d'électricité 100 % renouvelable dont je t'ai parlé... On ne verra pas la différence de prix. Qu'en dis-tu ?

— J'en dis que du bien, ma Charlie. Après le dîner, je vais chercher les factures pour nous inscrire.

Charlotte est ravie de voir l'enthousiasme de son compagnon pour un projet aussi écologique qu'économique. Elle oublie peu à peu le pincement au cœur ressenti au petit square.

Que t'étais-tu imaginé ma pauvre fille ? Que Rémi allait t'embarquer sur son tracteur blanc pour vivre d'amour et de tomates vertes ? Alors que tu es folle d'Alexandre ? On ne peut pas tout avoir...

25

Charlotte s'est installée sur une petite chaise. Elle ne peut empêcher ses genoux de cogner contre la table. Forcément, dans une salle de classe de maternelle, tout est à taille d'enfant. La jeune maman est arrivée bien à l'heure pour la réunion de rentrée. Alexandre, lui, est en retard. *Comme d'habitude...*

– Bien, tout le monde est là ou presque, nous allons pouvoir commencer les présentations.

La maîtresse, la quarantaine souriante, semble visiblement à l'aise devant un auditoire bien plus âgé que son public habituel.

– Je vous présente Mathilde et Nafissa que vous connaissez sans doute déjà. Ce sont elles qui prennent soin de vos bambins pour tous les petits gestes du quotidien... et Dieu sait qu'il y en a quand on a trois ans!

Les jeunes parents se regardent en souriant. Depuis trois semaines que les enfants ont fait leur première rentrée, ils ont pu voir chaque matin les larmes et les cris, les blousons mal fermés, les nez qui coulent, les pipis impromptus. Tous savent que les assistantes de la maîtresse font un travail colossal et sont de vrais repères pour leurs bambins. Une femme au maquillage un peu trop appuyé selon Charlotte se met à applaudir depuis le fond de la classe. Tout le monde suit son geste. Les deux assistantes semblent apprécier. La maîtresse se joint aux applaudissements et reprend.

– Merci pour elles. Je vous présente également Susan, qui est Anglaise et participe aux ateliers de l'après-midi en anglais pour une immersion totale dans la langue. Nous y reviendrons quand je vous décrirai les journées types.

La quinquagénaire, les cheveux gris coupés court et le sourire lumineux, salue l'auditoire d'un geste furtif de la main.

Nous avons cette année vingt-cinq élèves, treize filles et douze garçons. Les enfants de 2 ans et demi à 4 ans sont le groupe des « hérissons ». Les 4-5 ans sont les « écureuils ». Ils forment deux groupes assez homogènes en taille. La plupart du temps, nous sommes tous ensemble, mais parfois je pratique certaines activités avec un seul groupe. Notamment quand l'apprentissage demande une attention particulière. Les petits ont tendance à imiter naturellement les plus grands. Et nous invitons ces derniers à aider les plus jeunes quand ils repèrent une difficulté. Cela valorise les aînés en les confortant dans leurs apprentissages et les petits sont ravis.

Hochements de tête partagés dans la salle. C'est à ce moment-là qu'entre Alexandre. Le jeune papa essaie de s'installer discrètement au fond de la classe, mais renverse bruyamment sa petite chaise en voulant s'asseoir. La jeune femme que Charlotte trouve vulgaire rit aux éclats en rejetant ses boucles brunes en arrière.

Holà la bimbo, touche pas à mon mec.

– Le matin, vous déposez vos enfants à la garderie. En attendant que tout le monde arrive, ils peuvent jouer, dessiner ou faire des collages. Nafissa et Mathilde sont là pour les aider ou les câliner si la séparation est difficile.

Charlotte regarde autour d'elle en se demandant quels parents vivent ces difficultés. Pour sa part, Lila a été comme un poisson dans l'eau dès son premier jour. Étonnant pour une petite fille qui a toujours été gardée par sa maman. C'est pour Charlotte que la séparation est plus difficile. Bien plus qu'elle ne l'avait imaginé. Elle a hâte de reprendre une activité professionnelle pour s'occuper l'esprit.

– Ensuite, nous entrons dans la classe et faisons un petit temps de regroupement sur le tapis en chantant la comptine rituelle du matin pour nous dire bonjour. Puis, nous regardons la date, la météo et chacun peut exprimer ce qu'il ressent. Les enfants adorent parler de leurs émotions. Nous appelons ce moment « la météo intérieure ». Cela permet de voir comment chacun se sent pour démarrer la journée. Nous pouvons alors prendre place pour les activités de la matinée.

Tout le monde ne raffole pas des brocolis

La maîtresse raconte alors le déroulement du matin et les objectifs associés : le vivre ensemble, les premières notions d'écriture, le langage, l'exploration du monde, les activités artistiques, la motricité. Charlotte se tourne vers Alexandre qui lui fait un clin d'œil. Elle aurait aimé qu'il soit près d'elle. Et surtout très loin de cette femme aguicheuse qui semble s'approcher dangereusement.

— Les enfants vont ensuite en récréation. Ah oui, quand l'hiver arrive, veillez à leur acheter des moufles et pas des gants. Pensez à nous qui devons enfiler 25 paires à la suite ! *Idem* pour les chaussures à scratch et pas à lacets. Nous préférons vous remercier plutôt que vous détester !

Nouvel éclat de rire de la bimbo du fond. Alexandre sourit à ses côtés. Charlotte en vient à se demander s'ils ne discutent pas ensemble quand elle a le dos tourné. Elle fulmine en tentant de rester zen. *Du calme, ma Charlie, tu sais que la jalousie ne te réussit pas du tout...*

— Après la récré, passage aux toilettes et lavage de mains pour tout le monde. Puis nous continuons les apprentissages du matin selon les jours : lettres, chiffres, parties du corps, animaux... Comme vous le savez, dans cette école, nous nous inspirons de plusieurs méthodes pédagogiques qui ont fait leurs preuves : Montessori, Steiner, Freinet... Nous essayons de guider les enfants dans leurs apprentissages, mais au final, ce sont eux qui font tout le travail ! Ensuite vient l'heure du déjeuner. Les maternelles ont leur réfectoire à part, séparé des élèves de primaire. Nous les servons à table, des petites portions pour limiter le gaspillage et les servons à nouveau à la demande.

— Connaissez-vous la part du bio dans les repas ?

Charlotte n'a pas pu s'empêcher de poser la question même si elle connaît déjà la réponse après s'être minutieusement renseignée avant d'inscrire Lila dans cette école.

— Nous essayons d'intégrer un maximum de produits frais et locaux. Les repas sont cuisinés sur place. L'approvisionnement en bio n'est pas toujours possible, mais les responsables de la cantine essaient chaque jour d'améliorer les *process*.

Un bruissement parcourt la salle. Charlotte perçoit quelques bribes de conversation : « le bio c'est du vent », « ça ne sert à rien de toute façon », « le bio c'est pour les riches ». Elle se sent bien seule tout d'un coup. *Les gens ne savent-ils donc pas que les enfants sont les plus sensibles aux pesticides ? Et qu'une alimentation la plus bio possible réduit considérablement les risques de maladie?* Elle se tourne vers Alexandre, en grande conversation avec sa voisine exubérante. *Totalement seule oui...* Cependant, elle décide de ne pas insister voyant bien que ce n'est pas le moment. La maîtresse reprend.

– Continuons, si vous le voulez bien. Nous avons encore pas mal de sujets à voir. Après la cantine, c'est l'heure de la sieste. Si chez les grands certains ont plus de mal, nous les invitons à un temps calme dans la garderie.

– Le mien ne fait pas la sieste à l'école, mais je le récupère épuisé le week-end et il dort trois heures les après-midi. On ne peut rien prévoir! soupire une maman.

– C'est difficile de forcer un enfant à dormir, surtout quand ils sont vingt-cinq dans la pièce. Mais je prendrai le temps d'en discuter avec Samir, Madame Benara. Après la sieste vient le temps des ateliers. Comme vous le savez, c'est l'une des particularités de notre école qui se rapproche plus des écoles d'Europe du Nord ou anglo-saxonnes que des écoles traditionnelles françaises.

En effet, les ateliers de l'après-midi sont une des raisons pour laquelle Charlotte et Alexandre ont choisi cet établissement. Les enfants sont accompagnés par des animateurs ou des intervenants extérieurs pour découvrir de nombreuses activités, sportives, artistiques ou culturelles.

– Pour ce premier trimestre, les enfants feront gym le lundi, découverte de l'art le mardi, expression corporelle en anglais le jeudi avec Susan et enfin philosophie le vendredi.

– De la philo à trois ans? Vous poussez un peu là non? s'étonne un papa en costume-cravate.

– Absolument pas! Nous abordons des questions qui sont cruciales à cet âge: le partage, la solidarité, l'amitié, le racisme, les émotions... Les enfants adorent s'exprimer sur ces sujets et notre intervenante se régale de leur vision toujours juste.

L'enseignante termine sa présentation de la journée type avec le temps du goûter et la garderie. Charlotte a choisi de venir chercher sa fille tôt, elle la récupère juste avant le goûter ce qui lui permet de surveiller ce qu'elle mange... et de grignoter un peu sur le temps de l'école.

– Je conclus en vous rappelant que notre fil conducteur cette année est la vigne. Nous prévoyons des sorties pour aller vendanger, voir comment la vigne pousse et observer le travail du viticulteur.

Tout le monde ne raffole pas des brocolis

Nous allons également préparer des semis au printemps. L'objectif est de connecter les enfants à la nature. Nous avons le projet d'installer des carrés à planter dans la cour pour les grandes sections.

La réunion se termine autour de questions-réponses. La maîtresse ne se dépare jamais de son sourire malgré les questions pièges et les commentaires parfois déroutants. Charlotte est définitivement convaincue d'avoir fait le bon choix. Une fois la séance levée, elle se presse de retrouver Alexandre, toujours en grande conversation avec le sosie de Salma Hayek.

– Charlie, je te présente Karine, la maman du petit Valentin qui est visiblement très copain avec Lila.

– Ah, très bien, bonjour Karine.

Charlotte n'est pas du tout à l'aise devant cette femme si belle et sûre d'elle.

– Bonjour, Valentin me parle tout le temps de Lila. À croire qu'il est amoureux ! C'est vrai qu'on est plutôt chaleureux dans la famille, fait-elle en touchant l'épaule d'Alexandre.

À défaut de chaleur, Charlotte sent son sang se glacer. Elle se tourne vers Alexandre :

– On y va mon chéri ? Il est tard déjà, la garderie va bientôt fermer.

– OK, on y va. À bientôt Karine.

À ce moment précis, Charlotte se jure d'accompagner et de chercher Lila à l'école le plus souvent possible. *Non mais.*

26

– Babouchka! Je suis si heureuse de te voir!

Amandine se réfugie dans les bras de sa grand-mère et la couvre de baisers. À chaque fois qu'elle la retrouve, elle a de nouveau huit ans. Sa grand-mère la gardait très souvent quand ses parents travaillaient tard le soir. Amandine et Églantine ont noué une relation forte et sincère. Mais surtout, avec elle, la jeune femme se sent comprise. Tout le contraire de sa relation avec sa propre mère.

– Ma chérie, montre-moi un peu comme tu es belle. Tu as encore grandi non?

– Mais non ma Babouchka, j'ai bien fini de grandir, tu sais. Viens, je vais te présenter quelqu'un.

– Ah tiens, tu n'es pas venue seule. Mais qui est ce beau garçon?

Théo est en train de sortir les sacs à dos du coffre. Il est heureux de se dégourdir les jambes après l'heure de route pour venir de Bordeaux jusqu'ici, au cœur du Médoc.

– Églantine, voici Théo. Théo, je te présente ma grand-mère adorée, Églantine.

– Enchanté, Madame. Je suis ravi de vous rencontrer, Amandine m'a beaucoup parlé de vous.

– Eh bien, j'espère qu'elle ne t'a pas tout dit pour qu'on ait encore des choses à se raconter. Venez mes petits, je vais vous préparer une tisane.

Pendant que la bouilloire chauffe sur le poêle à bois, Amandine fait visiter à Théo la maisonnette dans laquelle sa grand-mère est

Camille Choplin

installée. Elle n'est pas grande mais lui suffit amplement pour y vivre avec ses trois chats. Le salon est douillet avec deux canapés moelleux noyés sous des étoffes indiennes aux couleurs chaudes. Les murs en pierre blonde sont couverts de cadres : il n'y a pas une parcelle de libre. Deux étagères poussiéreuses débordent de livres. Un petit couloir emmène vers la chambre, la salle de bains et la cuisine. Tout semble un peu étroit, mais Églantine se fraie un chemin sans rien bousculer dans ce désordre qu'elle connaît par cœur.

— Je vous ai préparé un gâteau au citron. Avec ma tisane de thym et de verveine du jardin, c'est un régal.

— Merci, Madame, c'est vraiment gentil !

— Mon petit Théo, tu vas choisir : c'est Églantine ou Babouchka, mais Madame, je ne supporte pas ! Dans ma tête, j'ai toujours 15 ans !

— OK, je garde Églantine. Je trouve votre prénom très joli.

— Merci. Alors, raconte-moi un peu. Qui es-tu ? Pourquoi ma petite fille te regarde-t-elle avec des yeux aussi brillants ?

Théo se tourne vers Amandine en souriant. C'est vrai que ses yeux pétillent quand elle le regarde. *Elle est si belle…*

— Eh bien j'ai 21 ans, j'ai arrêté mes études après un début de fac de sociologie un peu chaotique. Et depuis je parcours le monde. Je voyage de ferme en ferme pour apprendre des techniques agricoles. Je m'intéresse de près à l'agroécologie qui, selon moi, est le futur de l'agriculture.

— Mais alors, si tu voyages tout le temps, que fais-tu donc à Bordeaux ?

— Il m'arrive de me poser un peu ! J'en profite pour voir mes parents, mes amis. Diffuser ce que j'ai appris par ici. Et parfois les rencontres font que j'ai envie de rester un peu plus longtemps…

Amandine boit ses paroles… et une gorgée de tisane au miel. Elle ajoute à l'attention de sa grand-mère :

— Cet été, j'ai vécu à la mode de Théo. Nous avons travaillé dans un écolieu dans les Landes. Théo a affûté ses notions d'agroécologie et moi j'ai participé à la vie du lieu et ses animations. J'ai notamment accueilli plus de cent enfants pendant le séjour. C'était génial !

Un chat roux vient se frotter contre les jambes de la jeune femme. Il ne cesse de miauler. Babouchka le prend sur ses genoux.

— Théo, je te présente Causette. Je l'ai appelée comme ça parce qu'elle cause tout le temps. C'est parfois énervant mais c'est parce qu'elle

Tout le monde ne raffole pas des brocolis

a beaucoup de choses à dire. Alors souvent je prends mon pendule et je me connecte à elle pour l'écouter.

– Vous vous connectez à elle? Avec une pendule? Je ne comprends pas tout là…

Théo semble perdu.

– Pas une pendule mon petit, *un* pendule. C'est un petit objet qui sert à canaliser l'énergie d'un être vivant. Car tous les êtres vivants ont des choses à dire, tu ne savais pas?

– Euh… non, j'avoue!

– C'est tout simple. Au début de la conversation, on met en place une sorte de code pour savoir comment le pendule bouge selon que le chat dit «oui» ou «non». Une fois qu'on a ce code, on peut commencer à poser des questions et on enquête pour savoir ce que le chat veut dire. Souvent, il exprime des émotions ou un besoin, comme changer ses croquettes, recevoir plus de câlins…

– Mais c'est incroyable votre truc! Et ça marche vraiment?

– Bien sûr que ça marche! Tu crois que je me raconte des histoires? J'espère que tu n'imagines pas que je deviens folle dans cette petite maison toute seule avec mes chats!

Amandine intervient pour prouver la bonne foi de sa grand-mère.

– C'est assez incroyable, mais ça fonctionne. On l'a testé plein de fois ensemble sur des animaux mais aussi sur des personnes. Le top, c'est sur les bébés qui ne peuvent pas encore parler, mais qui pourtant ont plein de trucs à dire.

– Waouh… je suis bluffé. Je n'avais jamais entendu parler de ça!

– Tu n'as pas rencontré de chamanes dans tes voyages Théo? reprend la grand-mère.

– Pas encore non…

– Eh bien tu devrais. Tu verras que ces guérisseurs que l'on croise chez de nombreux peuples parlent aux animaux, aux plantes, aux esprits de la nature. Dans nos sociétés européennes, les gens ont du mal avec ça. On les prend pour des fous, au mieux pour de gentils allumés. Mais si on regarde bien, ce ne sont pas les chamanes qui ont précipité le monde dans sa folie actuelle.

– Je suis bien d'accord avec vous, Églantine. Mais tout de même, c'est assez incroyable ce que vous me racontez. Et vous faites d'autres choses dans le même genre?

– Plein d'autres! Je tire les cartes par exemple. Tu veux essayer?

149

— Pourquoi pas ? Vous avez un tarot de Marseille ?

— J'en ai un oui… et d'autres. Aujourd'hui, j'ai bien envie de prendre mon oracle des Êtres de la nature.

Théo regarde Amandine d'un air interloqué. Il a beau être très ouvert d'esprit, sa grand-mère est vraiment surprenante. Amandine lui avait raconté qu'elle était un peu hippie mais elle n'avait pas insisté sur son côté « sorcière ». Lui qui est très curieux se régale de cette rencontre un peu « perchée ».

Églantine a fini de battre les cartes et les dispose devant elle sur la table.

— Tu vas en choisir une au hasard… bien que le hasard n'existe pas selon moi. Et tu la retournes.

Théo fait son choix. Un ange passe. Églantine regarde sa petite fille en inspirant profondément.

— Les cartes ne donnent pas l'avenir. Elles racontent l'énergie du moment, la direction à prendre. De ce que je vois, tu es comme en suspens à l'heure actuelle. Sur pause. Mais bientôt viendra le moment de reprendre ton envol. Un oiseau reste peu de temps sur la branche finalement.

Le jeune homme regarde sa petite amie. Ils savent tous deux que leur histoire est amenée à vivre des coupures. Ils en ont beaucoup parlé pendant l'été dans leur petite roulotte. Malgré tout, Amandine n'a pas du tout envie de retrouver sa vie sans lui. Elle préfère ne pas trop y penser.

— Mes chéris, la nuit va bientôt tomber. Vous avez deux solutions : dormir dans le salon avec les chats ou sous la tente, et dans ce cas il faut l'installer maintenant. Mais l'automne est déjà là, vous risquez d'avoir un peu froid…

— Je n'ai pas très envie d'avoir froid moi… On reste au chaud, tu en penses quoi ?

— Comme tu veux ma puce, tout me va !

À la tombée de la nuit, les deux autres chats reviennent de leur expédition dans la nature. Cachou est tout noir et Médor tigré gris. Dans l'étroite cuisine, les conversations vont bon train alors qu'ils découpent les légumes qui garniront la cocotte au curry et lait

Tout le monde ne raffole pas des brocolis

de coco. La vie d'Églantine est un catalogue d'anecdotes. Elle a beaucoup voyagé, surtout en Asie, avec de longs séjours en Inde, au Japon et aux Philippines. Son métier d'infirmière lui permettait de trouver facilement du travail. Théo lui pose mille questions. Amandine est ravie de voir comme le courant passe facilement. *Si ça pouvait être aussi simple avec ma mère...*

Comme si elle lisait dans ses pensées, Églantine se tourne vers la jeune femme :
— Et comment va ta mère ? Elle ne m'appelle absolument jamais. Je ne l'ai pas vue depuis le mois de mars quand elle est passée en coup de vent après un repérage dans un château pas loin d'ici... Elle exagère quand même.
— Elle va bien. Mieux je dirais. Ces derniers mois, elle a mis en place de nouvelles habitudes et dans l'ensemble elle s'améliore. Mais on se prend encore beaucoup la tête pour des broutilles... enfin pas que.
— Ah ça, tu ne la changeras pas du jour au lendemain. Elle a pris le contre-pied de ce que je suis. Mais elle y viendra peut-être...
— Surtout qu'elle s'est trouvé un mec. Un ancien hippie figure-toi !
— Ah bon ? C'est drôle, ça dis donc. Raconte-moi !
— Il s'appelle Laurent, elle a l'air bien mordue. Bon c'est un hippie de luxe, il a raccroché sa chemise à fleurs il y a bien longtemps et ne crache pas sur l'argent. Mais il a un bon fond, ça se voit dans son regard. Maman a l'air heureuse avec lui... et elle me fout la paix pendant ce temps-là !
— Bon c'est bien ça. Vous viendrez me voir à Noël hein ?
— Bien sûr ! Je ne raterais ça pour rien au monde !
— Vous n'avez jamais peur ici toute seule ? s'inquiète Théo.
— La peur n'est pas une bonne compagne, mon grand. Elle ne sert pas à grand-chose quand on y pense. Et puis, s'il m'arrive quelque chose et que je finis mangée par mes chats, je me dirai que j'aurai bien vécu. Et voilà, fin de l'histoire.

27

Il est 9 heures pétantes, Charlotte arrive « au bureau » à vélo. Elle est à peine essoufflée : une quinzaine de minutes seulement la séparent de l'école de Lila et le trajet est essentiellement plat. En voiture, elle serait certainement encore coincée dans les bouchons.

En ce milieu d'automne, il commence à faire froid ; elle se félicite d'avoir ressorti ses gants. La jeune maman a démarré son stage d'observation à la Big Wedding Factory, l'agence de Corinne il y a une semaine. Déjà ! Il lui reste encore dix jours, mais elle voudrait que cela ne s'arrête jamais…

Corinne lui a ouvert les portes de son entreprise de manière très simple. Charlotte n'avait pas imaginé que sa voisine puisse être aussi chaleureuse avec son caractère souvent cassant et directif. Les deux salariés de l'entreprise, Maxime et Salomé, l'ont aussi accueillie avec beaucoup de gentillesse. Charlotte étant en stage d'observation, elle suit le travail des uns et des autres avec discrétion tout en proposant parfois des pistes d'amélioration que son regard extérieur lui permet de donner. Corinne apprécie ses interventions toujours pertinentes et vient parfois au-devant en lui demandant conseil.

Maxime ouvre la porte et l'embrasse :

– Bonjour, Charlotte, comment vas-tu ce matin ? J'ai fait couler du café si tu veux ! Bio et certifié commerce équitable bien sûr !

Charlotte rit en posant son manteau et son foulard sur la patère en bois brut.

Camille Choplin

— Merci, Maxime, pour ton engagement ! Ça va super et toi ? As-tu passé un bon week-end ?

— Excellent ! Je suis allé au ciné voir le dernier Woody Allen et au CAPC pour bruncher dimanche et visiter leur nouvelle expo. Trop bon et trop beau. Bref, un week-end culturel, mais bien reposant ! Et toi ?

— Oh, moi tu sais, avec ma pitchounette, je ne me repose jamais complètement. Elle a bien pris le rythme de l'école et se lève à 6 h 30, peu importe qu'on soit dimanche ou non... Heureusement qu'elle fait encore la sieste !

— Ah oui, c'est chaud quand même ! Je ne suis pas pressé d'avoir des mômes moi...

C'est à ce moment-là qu'arrivent Salomé et son ventre proéminent. L'arrivée de son bébé est prévue pour le mois de février, mais elle s'est déjà bien arrondie.

— Qu'ouïs-je ? On se plaint des enfants par ici ?

Charlotte éclate de rire.

— Eh bien, disons que ça fait un sacré changement de vie et qu'il faut être prêt. Maxime a raison de bien profiter de sa liberté. Mais toi, visiblement, tu es prête à être maman !

— Tu ne crois pas si bien dire... J'en rêve depuis que je suis toute petite. Je me souviens avoir dit à ma mère que je voulais six enfants quand j'avais huit ans. C'était si dur pour moi d'être fille unique...

Les trois collègues s'installent autour de la table de réunion. Le lundi matin, ils font un point sur les dossiers en cours pour lister les objectifs de la semaine. Corinne est en retard, c'est de plus en plus fréquent depuis quelques semaines. L'amour donne des ailes et aussi quelques cernes... Ils décident de commencer sans elle sur les points non bloquants.

Leur patronne arrive quelques minutes plus tard en chantonnant. Maxime et Salomé se regardent en souriant. Aucun des deux n'aurait pu imaginer cela, il y a encore quelques mois quand elle leur hurlait dessus pour un oui ou pour un non.

— Bonjour, tout le monde, je vois que vous êtes déjà au travail, c'est parfait ! Alors, on en est où ?

Maxime prend la parole, une pile de chemises cartonnées devant lui.

— On doit statuer sur plusieurs points pour l'anniversaire de mariage de Monsieur et Madame Blanchard.

Tout le monde ne raffole pas des brocolis

— Ah oui, les fameuses noces d'or du 1er décembre... Cinquante ans de mariage, ça fait rêver! soupire-t-elle... Alors, quels sont ces points?

— Le DJ nous fait faux bond, il a envoyé un mail pendant la nuit. Il faut activer la liste des plans B.

OK. Salomé, peux-tu gérer? Je te rappelle les demandes des époux: du rock, des slows, des musiques actuelles pour leurs petits-enfants sans oublier un peu d'accordéon en ouverture qui leur rappelle leur rencontre au bal de leur village.

— Je m'en occupe! Pour le bouquet de la «jeune mariée», Charlotte propose qu'au lieu de roses blanches «fabriquées» sous serre aux Pays-Bas ou pire au Kenya, nous prenions des camélias blancs cultivés localement. C'est encore la saison.

— C'est une bonne idée Charlotte, mais il faut demander son avis à l'intéressée. Tu l'appelles?

— Avec plaisir!

— Maxime, pour le traiteur, tout est calé?

— Oui, ça roule. Le couple a goûté et ils sont enfin d'accord sur le choix de la pièce montée composée de dunes blanches! Il ne me manque plus qu'à appeler leur fils pour revoir avec lui le déroulé des différents discours prévus. En gardant en tête qu'il y aura sûrement des imprévus de dernière minute, comme d'habitude.

— Super. On passe au mariage Archambaud?

Un sourire entendu se dépose sur toutes les lèvres. Chacun sait que Corinne est tout particulièrement investie dans la réussite du mariage de la fille de Laurent à qui elle veut plaire à tout prix.

Maxime commence.

— Je fais un point avec Marie tous les vendredis pendant sa pause déjeuner. C'est vraiment une chouette fille!

— Tant mieux, mais ce n'est pas ce que je te demande Maxime. Où en est-on de l'organisation?

— Marie a choisi la personne qui fera la cérémonie laïque à la suite de la mairie. Il s'agit de Manon Laclos. Elles sont en lien pour la préparer. Selon la météo, cela se fera dans le jardin, sous le cèdre, ou dans le salon, à côté de la cheminée. Dans tous les cas, il y aura des bougies et beaucoup de fleurs selon les vœux des mariés.

– Des fleurs de saison j'imagine… sourit Corinne en regardant Charlotte. Et pour la location de vaisselle «à petites fleurs» dont elle rêve, vous avez trouvé des pistes?

Charlotte intervient.

– Une amie m'a parlé d'une jeune femme qui propose de la vaisselle chinée. Elle peut fournir quantité de pièces dépareillées, mais le tout forme un ensemble plein de charme. J'ai rassemblé quelques photos de mariages où elle a officié.

La jeune femme montre un diaporama sur son ordinateur. Corinne est conquise et imagine parfaitement ces assiettes de porcelaine à l'anglaise dans la maison de Laurent qu'elle a eu l'occasion de fréquenter plusieurs fois au cours des derniers mois.

– Merci, Charlotte, c'est très joli en effet. Demande-lui un devis. Salomé, creuse tout de même une ou deux autres pistes pour qu'on se donne le choix selon les tarifs. Y a-t-il d'autres points à voir sur ce dossier?

Maxime reprend:

– Le marié a une sainte horreur du gaspillage alimentaire. Il a demandé si on pouvait proposer des *doggy bags* avec les restes de nourriture comme cela se fait beaucoup aux États-Unis…

– Ah ah, cela doit te plaire Charlotte! Peux-tu t'en occuper en demandant au traiteur si c'est quelque chose qu'il propose, et, si ce n'est pas le cas, trouver une solution qui soit un peu chic? Je ne voudrais pas que les invités repartent de ce si bel endroit avec un sac en plastique sous le bras!

– C'est comme si c'était fait, annonce une Charlotte ravie.

– Parfait. Maxime, continue d'avancer sur les demandes en cours pour l'été prochain. Et Salomé merci de vérifier si tout est prêt pour mon déplacement à Lyon pour le Salon du mariage. Si tout est OK pour vous, on va clore cette réunion, j'ai des coups de fil à passer.

28

— Tu vois des annonces intéressantes Sousou ? Moi c'est la *loose* pour l'instant…

Amandine soupire en touillant son café. Elles se sont posées avec Souraya au Buro des Possibles, un *working café* où Wi-Fi, café bio et petits biscuits faits maison sont à disposition à volonté pour quelques euros de l'heure. En ce jour gris de novembre, le froid a fait une vive incursion et elles avaient envie de se réfugier dans un endroit chaud et cosy pour avancer dans leurs recherches de stage.

— Il y a une offre intéressante à l'UNICEF mais c'est à Paris… De toute façon, j'ai bien peur de ne pas trouver d'offres à Bordeaux dans mon secteur.

— Tu veux absolument trouver autour du droit des femmes ou des enfants ? Tu ne veux pas ouvrir tes recherches ?

— Si j'ouvre dès maintenant, je ne me laisse pas vraiment le choix. Je me donne jusqu'au 20 novembre pour creuser cette piste, et si je ne trouve pas, je ferai des recherches plus larges.

— Et tu feras comment si tu dois aller à Paris ? Les loyers sont hors de prix !

— Je pourrai squatter chez ma cousine Nadia. Elle vit en banlieue avec ses deux enfants, elle m'a déjà proposé de venir.

— Ah je vois, tu as déjà des plans tout tracés…

Amandine comprend qu'elle pourrait ne pas voir sa meilleure amie pendant six mois. Inconcevable !

— Dis donc, tu ne serais pas en train de me faire un *bad trip* là quand même? Je t'ai fait des remarques moi quand t'es partie deux mois avec Théo cet été? Non. Je t'ai laissé vivre ta vie! Il est temps que je vive un peu la mienne, tu ne crois pas?

— Oh si pardon, ma Sousou, je suis égoïste… C'est juste que Théo est en train de devenir distant. Je vois bien qu'il s'ennuie…

— Théo s'éloigne de toi et tu reviens te pendre à mon cou. Oui, tu es bien égoïste en effet.

— Excuse-moi si je n'ai pas été très présente ces derniers temps. Tu sais ce que c'est…

— Non justement, moi je fais toujours gaffe à ce que tout le monde soit heureux autour de moi et à ne laisser personne de côté. Mais ça me fatigue que ce soit toujours à sens unique.

Amandine se lève pour prendre son amie dans ses bras. Souraya s'y abandonne en retrouvant le parfum si familier de sa meilleure amie. *Bon sang, ce qu'elle me manque…*

— Je te demande pardon, ma poulette. Promis, je vais faire plus attention à passer du temps avec toi. Et je te jure de te laisser partir où tu le souhaites pour ton stage sans broncher. OK?

— OK! Allez, on se remet à nos recherches? L'offre de rêves ne va pas tomber du ciel!

Si Souraya concentre ses recherches sur des organisations non gouvernementales, Amandine, quant à elle, souhaite intégrer une entreprise de l'Économie Sociale et Solidaire. Un secteur méconnu et pourtant très porteur. Travailler sur des projets sociétaux, avec du sens, voilà ce à quoi aspire la jeune femme. Dans l'ESS, pas de profits démesurés mais des bénéfices réinvestis dans le projet de l'entreprise pour créer une autre valeur, plus humaine. C'est là selon elle qu'elle pourrait avoir un impact en mettant à profit ce qu'elle apprend en école de commerce. *N'est-ce pas maman.*

— Tiens, l'association ATIS qui aide de futurs créateurs d'entreprise à structurer leur projet propose un stage de longue durée. «Aider les porteurs de projets à faire leur étude de marché, écrire le business plan, vérifier la viabilité du projet…» Oh que ça me plaît tout ça!

— Ah oui, je les connais, ils ont une excellente réputation! Vas-y fonce!

Tout le monde ne raffole pas des brocolis

Souraya se lève pour remplir sa tasse de thé fumant et revient avec une assiette de petits sablés aux pépites de chocolat. Après en avoir dévoré deux, elle se remet sur son ordinateur :

— Et celle-là, tu l'as vue ? C'est pour la plateforme de financement participatif HelloAsso réservée aux associations. Les gens peuvent soutenir des projets à partir de cinq euros et l'association reçoit tout ce qui a été récolté, même si elle n'atteint pas l'objectif fixé au début de la campagne. Et le site ne prend aucune commission !

— Comment ils arrivent à vivre alors ?

— Les gens donnent un « pourboire » du montant de leur choix. Et ça marche ! La plateforme est n° 1 en France dans le *crowdfunding* apparemment. Et on a trop de bol, le siège est pour une fois à Bordeaux et pas à Paris !

— Mais c'est génial ! Ils cherchent comme quoi comme profil ?

— Une Amandine visiblement !

— Montre-moi ça…

« Nous recherchons des talents et des personnalités avant de rechercher des collaborateurs. Des personnalités de celles qui ont le goût du challenge, de l'effort joyeux, et la conviction que les *statu quo* existent pour être renversés. L'équipe est ambitieuse et se donne les moyens de l'être en fournissant chaque jour un travail de qualité où chaque personne est une source d'inspiration pour son voisin. Esprit d'équipe, prise d'initiative, dynamisme, rigueur et enthousiasme sont les maîtres mots à bord. »

— T'as raison, dis donc, c'est pour moi ça ! Il va falloir que je me défonce pour la lettre de motivation, ils vont en recevoir une tonne !

Amandine est ravie : deux offres trouvées en quelques minutes. Décidément, la vie est bien faite, elle a un projet précis en tête et ces opportunités semblent arriver comme par magie. Elle commence à mettre à jour son CV avec l'expérience de son été à l'écolieu quand la jeune gérante du *working café* les apostrophe :

— Je suis désolée, je n'ai pas pu m'empêcher d'entendre une partie de votre conversation. Je voulais juste vous dire que moi aussi j'ai fait une école de commerce. À un moment j'ai failli décrocher parce que ça manquait de sens… mais je me suis accrochée justement ! Et cela m'a bien aidée pour monter ce projet avec mes associées.

— J'imagine qu'il a fallu écrire un sacré *business plan* en effet, répond Souraya.

– Cela a été long et compliqué de trouver des financements. Nous ne voulions pas tirer un trait sur nos valeurs et il y avait beaucoup de choses que les banquiers ne comprenaient pas. Notamment notre envie de proposer des produits 100 % bio et au maximum locaux et de saison. Mais aussi une électricité issue du renouvelable et pas du nucléaire. Tous ces efforts ont un coût et cette logique ne plaît pas aux banquiers qui recherchent la rentabilité sur tous les postes. Mais on a fini par trouver des compromis !

– Je ne connaissais pas vos engagements, moi je venais surtout pour la déco et les cookies ! se réjouit Amandine. Vous en avez d'autres ?

– Plein d'autres ! Nous essayons de faire preuve de bon sens sur toutes nos actions. Par exemple, au lieu de jeter les épluchures de légumes à la poubelle, on les donne à une entreprise qui en fait du compost. Et le soir, on propose à moitié prix les invendus du jour grâce à une application. Cela nous évite de jeter des produits encore délicieux mais qu'on ne pourra plus vendre le lendemain. Et ça marche super fort, les gens sont friands de ce genre de bons plans !

– Vous avez plein d'idées, c'est génial ! On reviendra encore plus alors !

– J'y compte bien !

La jeune femme s'éloigne en laissant les deux amies reprendre leurs investigations. Quelques minutes plus tard, la porte du salon de thé s'ouvre sur Théo. La mine défaite.

– Salut, cousin, ça n'a pas l'air d'être la grande forme, lance Souraya.

– Salut Souraya, non c'est pas la forme en effet.

Théo fait la bise à sa cousine et embrasse tendrement Amandine. Celle-ci se raidit, un mauvais pressentiment la saisit tout à coup. Elle qui vient de se confier à sa meilleure amie sur l'éloignement de son petit ami n'en mène pas large.

Le jeune homme se lance sans transition.

– Amandine, tu te souviens de Juan, que j'avais rencontré en Nouvelle-Zélande ?

– Le surfeur espagnol qui veut devenir éleveur ?

– C'est ça. Il part au Mexique dans deux semaines. Il a trouvé une mission d'un an là-bas et ils ont besoin d'un autre garçon avec de l'expérience en maraîchage agroécologique. Il leur a parlé de moi et ils sont très intéressés par mon profil.

Amandine sent son ventre se nouer. Depuis le début de leur histoire, elle sait que Théo ne restera pas indéfiniment à Bordeaux. C'est un électron libre. Mais cela n'empêche en rien les larmes de lui monter aux yeux.

Théo semble embarrassé.

– Je n'ai pas encore répondu. J'ai dit que je devais réfléchir un peu.

Souraya se fait toute petite, gênée d'assister à ce qui ressemble fortement à une scène de rupture. Elle se réjouit pour son cousin, insatiable voyageur qui souhaite semer ses petites graines de changement à travers le monde. Mais elle ressent le chagrin de son amie follement amoureuse.

– Si c'est pour moi que tu souhaites réfléchir, sache que je ne te retiendrai pas. Je ne supporterai pas que tu te sentes en prison avec moi.

Amandine essuie la larme qui s'est frayée un chemin sur sa joue. Elle cherche un mouchoir dans son sac. Théo l'enlace.

– Ce n'est pas ton autorisation que je cherche, tu sais. Mais bien de savoir ce qui compte le plus pour moi aujourd'hui : l'aventure avec toi ou celle au bout du monde. Je n'ai pas encore la réponse.

29

– Nous espérons que vous avez effectué un agréable voyage et que nous vous retrouverons prochainement sur nos lignes. Le commandant de bord et son équipage vous souhaitent une agréable journée à Lyon.

Corinne détache sa ceinture de sécurité et se rue sur le coffre au-dessus d'elle pour récupérer son manteau. Légèrement phobique, elle déteste l'avion, même sur des vols très courts. Mais parfois, c'est bien utile pour aller vite… n'en déplaise à Charlotte qui lui a asséné son laïus contre l'avion, symbole de la recherche de la vitesse à tout prix qui cause, selon elle, le dérèglement climatique.

Elle est marrante elle. On n'est plus au temps des calèches et des diligences!

La cheffe d'entreprise a prévu de passer la journée sur le plus gros salon du mariage de Rhône-Alpes. Elle aime humer l'air du temps, d'autant plus dans d'autres régions que la sienne. Discuter avec les photographes, les traiteurs voire d'autres *wedding planners*. Incognito bien sûr. Son discours est bien rodé : elle marie sa fille prochainement et cherche les meilleurs prestataires pour ce beau jour et *blablabla et blablabla*. Et elle profite de leurs argumentaires pour jeter un œil sur leurs stands et leur documentation pour s'inspirer de quelques idées au passage.

Corinne a pris un vol très tôt pour arriver la première à l'espace d'exposition qui accueille l'événement. Elle a bien fait, il y a déjà beaucoup de monde dans la file d'attente. Heureusement que Maxime lui a soufflé l'idée de réserver son entrée sur Internet : elle n'aura pas à faire la queue.

Le hall d'exposition est immense et visiblement flambant neuf. Des écrans plats indiquent le plan du salon, des publicités pour des stands défilent les unes après les autres, invitant à se rendre dans telle ou telle allée.

Arrivée au comptoir, une hôtesse lui délivre son billet et lui donne le plan du salon en version papier. Corinne se demande si elle aura le temps de tout voir. D'autant plus qu'elle a donné rendez-vous à Pierre pour déjeuner. Elle ne pouvait pas venir dans sa ville sans lui proposer de le voir, bien décidée à enterrer définitivement la hache de guerre.

Un premier stand attire l'œil de la quinquagénaire. Elle est interloquée par le panneau : « Dépôt-vente de robes de mariée ». Cela ne lui était jamais venu à l'esprit qu'on puisse acheter d'occasion se robe de mariée. Emprunter celle de sa mère ou d'une autre femme de sa famille, pourquoi pas, mais d'une inconnue… Quelle drôle d'idée !

Corinne s'approche pour en savoir plus et juger si le concept tient la route.

– Bonjour Madame, bienvenue chez Graine de coton. Connaissez-vous notre boutique ?

– Absolument pas ! Je découvre, je suis curieuse d'en savoir plus…

– Savez-vous que le coût de la robe représente jusqu'à 10 % du budget total d'un mariage ? C'est parfois beaucoup trop pour un jeune couple. L'achat d'occasion se révèle une solution adaptée pour les petits budgets. Tout le monde s'y retrouve, vendeurs comme acheteurs.

– Et… vous avez beaucoup de clients ? Est-ce que beaucoup de femmes acceptent d'acheter une robe déjà portée par une autre ?

– Oh oui, vous savez aujourd'hui l'achat d'occasion est entré dans les mœurs. Les robes de mariée ne font pas exception. C'est un choix économique bien sûr mais aussi écologique. Car fabriquer une robe avec tout ce que cela implique pour faire pousser la fibre, la teindre, la coudre, la transporter… pour finalement ne la porter qu'une seule fois est une hérésie !

Oh, on croirait entendre Charlotte !

– Notre plus-value se joue sur le vaste catalogue de robes, nos conseils pour bien la choisir et notre équipe de couturières qui fait des merveilles pour ajuster la robe au mieux à sa nouvelle propriétaire.

– Très intéressant. Je vous félicite Mademoiselle, vous avez là un excellent concept !

Tout le monde ne raffole pas des brocolis

Corinne prend une documentation et s'éloigne du stand pour se diriger vers un jeune homme tout à fait à son goût qui vante les mérites d'une joaillerie haut de gamme et éthique.

– Bonjour, Madame, savez-vous que les métaux précieux des bijoux sont souvent extraits dans des conditions inhumaines ?

– Je ne me suis jamais vraiment penchée sur la question. Racontez-moi donc tout ça jeune homme…

Malgré tout l'amour qu'elle porte à Laurent, la quinquagénaire aime toujours séduire et flirter avec des hommes de l'âge de sa fille. On ne se refait pas… Même si elle reste tout à fait convenable dans son rôle fictif de future belle-mère.

– L'or est extrait dans des conditions très éprouvantes. Nous, nous avons choisi de ne travailler qu'avec de l'or labellisé Fairmined. Il n'enlève pas la pénibilité du travail mais assure de nombreuses garanties pour nos alliances : aucun enfant n'a travaillé dans les mines, les hommes et les femmes reçoivent le même salaire et sont regroupés en coopératives pour garantir leurs droits. C'est vraiment du commerce éthique et équitable. Tout le monde y gagne !

– J'étais loin d'imaginer tout ce qui se cache derrière l'alliance que l'on porte à son doigt toute sa vie. J'en parlerai à ma fille !

Corinne prend congé pour continuer sa déambulation dans les allées du salon. Charlotte serait contente, il y a beaucoup de concepts écologiques ou éthiques comme celui qu'elle vient de découvrir.

Décidément, je pense beaucoup à Charlotte. Je l'aime bien cette petite, elle est vive, elle a plein de bonnes idées. Et elle commence à déteindre sur moi j'ai l'impression…

La cheffe d'entreprise arrive devant une concurrente un peu particulière : une *wedding planner* écoresponsable. *Tiens tiens, ça existe donc…*

– Bonjour, Madame, avez-vous l'intention de vous marier prochainement ?

– Oh non ! Merci, Mademoiselle mais j'ai déjà donné !

– Votre fille peut-être ?

– Oui, c'est ça. Alors, racontez-moi, c'est quoi une *wedding planner* écolo ?

– Comme tous les *wedding planners*, nous délestons les mariés de tout ou partie de l'organisation de leur mariage. Notre petit plus est de veiller à garder une empreinte environnementale la plus légère possible.

— Ah oui, et comment faites-vous cela?

— Eh bien, nous jouons sur tous les tableaux : le choix du traiteur avec un menu le plus bio et local possible, le choix de la robe, des alliances, de la décoration, des fleurs… Nous proposons même aux invités de «compenser» leur bilan carbone.

— Qu'est-ce que ça veut dire «compenser»?

— Nous calculons les émissions de CO_2 liées au déplacement et proposons une compensation. Souvent il s'agit d'investir dans un programme de reforestation pour planter des arbres aux quatre coins du monde.

— Et les invités acceptent?

— Souvent oui, surtout si cela tient à cœur aux jeunes mariés!

La sonnerie du téléphone de Corinne les interrompt.

— Je dois vous laisser, merci, Mademoiselle, pour ces informations. Allô?

— Allô, Corinne, c'est Pierre. Je suis arrivée aux portes de ton salon, où se retrouve-t-on?

— Il est déjà 12 h 30? Je n'ai pas vu la matinée passer!

— Je suis un peu en avance…

— Attends-moi à l'entrée, j'arrive.

Corinne ne peut empêcher son cœur de battre légèrement plus vite à la vue de son ex-mari. *Il est toujours aussi beau…* Les années semblent glisser sur lui comme l'eau sur les plumes d'un canard.

— Comment vas-tu?

— C'est plutôt à toi qu'il faut demander… Pas trop dur les nuits sans sommeil?

— Franchement, je t'avais dit que Natacha serait parfaite. Je ne savais pas encore à quel point! Elle excelle dans son rôle de maman.

La quinquagénaire se racle la gorge, pressée de stopper le discours béat de Pierre sur sa nouvelle compagne.

— Où déjeune-t-on? Je n'ai pas beaucoup de temps, il me reste mille choses à voir.

— On peut manger rapidement et je me balade avec toi cet après-midi? Je n'ai pas de rendez-vous…

Tout le monde ne raffole pas des brocolis

– Oh… mais que va dire la jeune maman ?
– Elle n'a pas à le savoir, c'est ma vie privée après tout !

L'ancien couple décide de prendre des sandwichs pour continuer la déambulation dans le salon sans perdre de temps. Ils retrouvent vite les automatismes de leur vie passée côte à côte. Les éclats de rire succèdent aux règlements de compte. Tellement de non-dits accumulés pendant toutes ces années ont besoin d'être sortis du sac.

En passant devant le stand d'un photographe, Pierre donne un coup de coude à son ex-femme :

– Tu te souviens du photographe de notre mariage ? Il était tellement saoul qu'on n'a pu garder aucune photo !

– Ah ça oui que je m'en souviens. Et je peux te dire que les photographes avec lesquels je travaille aujourd'hui sont triés sur le volet. Je ne veux pas que mes petits mariés se retrouvent dans la même situation…

Pierre se rembrunit.

– Et à part ces photos manquées, que regrettes-tu ?

– De n'avoir rien vu venir. Je croyais tellement que nous deux c'était pour la vie… Quoi qu'il advienne… J'étais bien naïve !

– Moi aussi j'y ai cru, tu sais. Je pensais que nous étions indestructibles. Il faut croire que les aléas de la vie ont été plus forts encore.

Corinne regarde Pierre. À cet instant précis, elle sait qu'elle lui a pardonné. Adieu rancune, place à une nouvelle relation plus sereine.

– Tu crois qu'on arrivera à être amis ?

– Pas sûr. Mais on peut toujours tenter le coup, tu ne crois pas ?

30

Amandine s'active sur le stand de son collectif Les Étudiants pour la planète. Elle met le point final à leur première action : sensibiliser leurs camarades pour un Noël écoresponsable. Sur une table, elle a disposé des idées de cadeaux et de décorations faits maison. Derrière le stand, de grands panneaux façon fausses publicités partagent des messages à visée écologique.

La jeune femme a créé cette association pour oublier son chagrin. Comme elle l'avait pressenti, Théo est finalement parti travailler dans une ferme biologique au Mexique. L'appel des contrées lointaines a laissé l'étudiante sur le carreau. Le cœur cabossé, elle sait pourtant qu'elle ne peut retenir le jeune homme contre son gré. Alors elle tente de se réjouir pour lui... en se disant qu'un avenir radieux les attend peut-être quand elle aura fini ses études et pourra parcourir le monde avec lui.

En attendant, Amandine a pris ses distances avec l'association des Jeunes Écologistes de Bordeaux – trop de souvenirs – et s'est lancée dans sa propre aventure, l'héritage de Théo en bandoulière et avec l'objectif de faire changer les mentalités à son échelle. À commencer par les étudiants de son école de commerce. Elle a déjà réussi à mobiliser une dizaine de bénévoles aussi motivés qu'elle. Et tous comptent bien recruter de nouveaux membres au cours de leurs actions.

L'objectif de cette première opération est de faire comprendre aux étudiants qu'on peut fêter Noël sans se rouler dans une débauche affolante de consommation. En retrouvant le plaisir simple d'offrir avec le cœur. Pour cela, le collectif a listé toute une série de petits gestes faciles et économiques. Ça ne va pas être une mince affaire de les convaincre... Surtout dans une école où l'on apprend à vendre!

L'association a installé son stand au niveau de la cafétéria, lieu de passage obligé pendant la pause déjeuner. Deux heures pour espérer discuter avec un maximum d'étudiants. Mais pour le moment, rares sont ceux qui ont la curiosité de s'approcher. La plupart passent devant avec un regard méprisant; certains viennent se moquer gentiment tandis que d'autres les insultent carrément. Ce n'est apparemment pas si simple de se remettre en question.

Une jeune femme interpelle Amandine:

– Bonjour, c'est quoi votre stand? Vous vendez des trucs pour les fêtes?

– Non, on ne vend rien, on présente des alternatives à la surconsommation.

– Et vous pensez vraiment que vous pouvez changer les choses avec votre petit stand de rien du tout?

– Je ne sais pas, mais on essaie. Et puis, quand tu réfléchis à ta façon de fêter Noël, ça peut aussi te faire faire des économies.

– Ah bon?

– Oui, par exemple si tu crées tes cadeaux toi-même. Cela aura beaucoup plus de valeur pour la personne qui les reçoit parce que tu auras pris du temps de les faire. Et pour toi, ça revient bien moins cher qu'un cadeau tout prêt et sans âme que tu auras acheté au dernier moment.

– Et c'est quoi tes idées?

– Fabriquer des savons ou une crème pour le corps, des kits à cookies, des confitures, customiser un miroir, ou encore personnaliser un cache-pot dans lequel tu pourras mettre une petite plante succulente... Il y a plein d'idées, et pour tous les goûts!

– Oui, c'est pas mal. Tu as raison, je vais y réfléchir...

À sa suite, c'est le professeur d'économie d'Amandine qui s'avance vers le stand:

– Alors ma petite Amandine, on essaie de bouleverser les règles du commerce avec des lubies anticapitalistes?

– Ce ne sont pas des lubies Monsieur. Vous devez admettre que Noël a perdu de sa magie avec la surenchère commerciale à laquelle se livrent les marques.

– Ah, mais la concurrence, c'est bon pour le commerce et donc pour l'emploi. Ça fait tourner l'économie, on ne va pas cracher dessus tout de même!

Tout le monde ne raffole pas des brocolis

— Dans notre collectif, nous pensons que la croissance n'est pas forcément idéale, que la Terre a des ressources limitées et qu'à force de toujours vouloir produire plus, viendra le jour où l'on ne pourra plus de matières premières pour produire. Une véritable catastrophe humaine et écologique ! On voit déjà les effets dévastateurs de la recherche de métaux rares pour fabriquer tous nos appareils électroniques.

— Je vois. Vous êtes donc pour la décroissance.

— Je rêve d'une société qui ne vit pas pour la croissance de son PIB mais pour la croissance du bonheur des gens. Oui, je rêve de plus d'égalité et de partage des richesses. Je ne suis pas pour le retour à l'âge de pierre mais pour le bon sens, l'équilibre, la sobriété heureuse.

Amandine a viré écarlate. Comme à chaque fois qu'elle s'exprime sur un sujet qui lui tient à cœur, elle s'enflamme, au sens propre du terme. Elle voit bien qu'elle ne parviendra pas à convaincre son prof, trop engoncé dans le modèle qu'il enseigne depuis plus de trente ans. Mais au moins, elle lui aura livré le fond de sa pensée. Le professeur s'éloigne en secouant la tête.

À côté d'Amandine, un autre membre de l'association essaie de convaincre un groupe d'étudiants de troquer le papier d'emballage cadeau jetable en faveur de solutions plus durables et créatives. Il est notamment en grande conversation avec deux jeunes femmes totalement dubitatives.

— Nan mais franchement, emballer ses cadeaux avec du tissu… c'est n'importe quoi ton truc !

— Cela existe depuis des années au Japon ! C'est la méthode Furoshiki, tu ne connais pas ? Tu peux faire des nouages de toutes sortes, le rendu est super esthétique, regarde, et tu peux aller voir d'autres exemples sur Internet. La mode commence à prendre en France. Je suis prêt à parier qu'un jour ou l'autre, ça va cartonner !

— Et ça, c'est quoi comme emballage ?

— Là j'ai utilisé une vieille carte routière récupérée chez mes grands-parents. Pratique pour emballer des petits cadeaux ou faire des pochettes.

Soudain, Amandine voit apparaître Jules. Elle avait craqué sur lui au printemps, avant de se faire emporter par le « tourbillon Théo ». Le jeune homme s'approche du stand :

— Alors Amandine, toujours aussi écolo à ce que je vois ?

— Eh oui, plus que jamais. Tu cherches des idées pour Noël?

— Oh, moi tu sais, ce sera comme d'habitude : je vais faire mes cadeaux à la dernière minute dans des magasins bondés de gens qui, comme moi, ne savent pas quoi acheter.

— Pourquoi ne pas changer cette année justement? Et offrir des cadeaux vraiment utiles et qui feront plaisir aux autres par le soin que tu auras mis à les faire?

— Ben… Parce que c'est pas mon truc? C'est mignon tes petits savons faits main, mais franchement tu me vois faire ça?

— Peut-être pas non, mais on a aussi des petits carnets, des « Bons pour… » à détacher. Je suis sûre que ta mère adorerait passer une soirée avec toi à l'opéra ou dans un café-théâtre. Ou alors tu peux emmener ton père au rugby ou faire une visite commentée du vieux Bordeaux. Ta petite sœur, elle, serait contente d'aller voir un concert avec toi à l'Arena ou au Rocher de Palmer. Ce sera toujours mieux qu'un cadeau acheté à l'arrache dans un centre commercial sans âme tu ne crois pas?

— Oui, peut-être… Il faudrait juste que je prenne un peu de temps pour y réfléchir. Et puis au moins avec ces idées-là, pas besoin de papier cadeau hein…

Jules quitte le stand dans un clin d'œil. Amandine est ravie d'avoir semé une graine dans sa si jolie petite tête. Elle doit avouer que malgré tout l'amour qu'elle porte à Théo, ce garçon lui fait encore beaucoup d'effet. Rien que pour ce moment volé, ça valait le coup de préparer le stand. Vivement la prochaine action du collectif!

Charlotte est en ébullition : préparer sa maison pour les fêtes de Noël est l'une de ses activités préférées. Maintenant que Lila est suffisamment grande, elle peut lui transmettre sa passion pour la décoration. Et avec ses nouveaux réflexes écologiques et « zéro déchet », elle redouble de créativité.

Pour faire patienter sa petite fille jusqu'au 25 décembre, hors de question de choisir un calendrier de l'Avent rempli de chocolats industriels et de cadeaux en plastique. Elle a trouvé une maisonnette en pin des Landes dotée de vingt-cinq petites cases à remplir. Elle aurait pu la repeindre mais a préféré garder le côté brut du bois. Dedans, elle pourra y glisser des chocolats et des bonbons artisanaux, mais aussi des petits bons à utiliser (pour une histoire supplémentaire le soir, un tour de manège…) voire, de temps en temps, un petit cadeau.

Tout le monde ne raffole pas des brocolis

Préparer ce calendrier pour sa fille remplit la trentenaire d'une joie toute simple. Elle se reconnecte elle-même à l'enfant qu'elle était et qui adorait la magie de Noël.

Charlotte a également choisi de fabriquer un faux sapin de Noël. Elle n'avait pas le cœur de couper un arbre juste pour quelques semaines d'ornement. Et puis, un sapin fait maison, c'est original et amusant : sur un mur, un arbre dessiné avec de la ficelle, et voilà Lila qui peut y accrocher les boules avec des pinces à linge.

– Bravo ma puce, c'est très joli ce que tu as fait là !

– J'ai mis toutes les boules ! Et le rouge, c'est ma couleur préférée du monde entier !

L'ensemble est un peu de guingois. Mais la fillette est tellement heureuse que Charlotte ne touche à rien. La jeune maman s'amuse également à parfumer la maison en faisant bouillir dans une casserole des pelures d'orange, une pomme et un mélange d'épices, cannelle, clous de girofle, gingembre, anis étoilé…

– Dis donc, ça sent le pain d'épices ici, dit Alexandre en retour de son footing. Vous m'en avez préparé les filles ?

– Ne t'emballe pas mon chéri, c'est juste un parfum d'ambiance. Mais j'imagine que tu pourras compter sur ta *Môman* adorée pour t'en préparer, elle ne peut rien te refuser…

– Charlie, ne commence pas à critiquer ma mère, on a quatre jours à tenir là-bas, tu sais bien !

– Oui, eh bien, j'espère juste qu'elle va garder sa langue dans sa poche. J'en ai marre de ses réflexions. Mais je vais faire avec, comme d'habitude.

31

Dans la voiture qui file vers le Médoc, le silence est pesant. Mère et fille sont toutes deux perdues dans leurs pensées. Ni l'une ni l'autre n'a envie de parler. Une fois qu'elles seront arrivées, il faudra bien faire un effort pour Églantine qui aime tant fêter Noël. Mais pour le moment, on entendrait une mouche voler dans la Mini.

Amandine songe à Théo. Il est parti au Mexique il y a un mois. Elle pense tout le temps à lui. Les premiers jours après son départ, elle se cachait dans les toilettes de l'école pour pleurer. Le soir, à peine rentrée à la maison, elle s'enfermait également dans sa chambre et pleurait encore et encore. Il fallait que toutes ces larmes sortent pour en faire tarir la source. Pouvoir à nouveau parler de lui sans trembler. Recommencer à manger, un peu. Désormais, elle ne pleure plus, mais ne peut s'empêcher d'imaginer son amoureux à l'autre bout du monde. Où est-il? Que fait-il? Est-ce qu'il pense à elle? A-t-il rencontré quelqu'un d'autre? Est-il heureux?

Leur relation est limitée à de brefs échanges *via* messagerie électronique.

La distance a démarré son lent travail de sape.

Corinne, quant à elle, est préoccupée. Elle a appris une mauvaise nouvelle et ne sait pas encore comment l'annoncer à sa mère et à sa fille. Intuitive comme elle est, Églantine va tout de suite se rendre compte que quelque chose ne va pas. Et Corinne ne pourra pas s'empêcher de tout avouer. Noël ou pas... Et puis, comment réagira Laurent quand il l'apprendra? Avec le mariage de sa fille dans six jours, ce n'est pas le moment de lui causer du tourment. Il va falloir garder ça pour elle, au moins jusqu'au jour de l'An.

En arrivant sur le petit chemin boueux si familier, un sentiment de soulagement envahit les deux femmes. Chacune sait qu'elle trouvera du réconfort auprès de celle qui a toujours les bons mots et les bons mets pour vous requinquer. Malgré la distance que Corinne prend soin de garder avec sa mère, elle la chérit profondément. Et l'admire aussi beaucoup, sans jamais avoir osé lui dire.

Églantine sort de sa petite maison, un pashmina aux nuances mauves sur les épaules. Elle a relevé ses cheveux gris dans un chignon souple dont quelques mèches s'échappent pour lui encadrer le visage. Elle est rayonnante.

– Ah vous voilà mes chéries, je suis si contente de vous voir!

La grand-mère se tourne vers Corinne.

– Bonjour, ma fille, neuf mois sans te voir, c'est un peu long tout de même…

– Bonjour, Maman, oui tu as raison, mais tu sais ce que c'est, le boulot, les week-ends chargés, tout ça…

– Oui, oui, toujours le même refrain…

Églantine fait un geste de la main comme si elle chassait un moustique. Elle se dirige vers sa petite-fille pour l'embrasser.

– Et toi ma petite puce, comment vas-tu depuis ton dernier séjour ici? Tu ne m'as pas amené Théo cette fois?

– Théo est parti au Mexique. Je n'ai pas envie d'en parler.

Amandine tente de ravaler la boule venue se coincer dans sa gorge. Elle attrape son sac à dos dans le coffre et s'engouffre dans la maison. Sa grand-mère la suit du regard et se tourne vers Corinne.

– Eh bien, c'est ce qui s'appelle mettre les pieds dans le plat. J'ai fait fort là. C'est vrai qu'elle a une petite mine. Toi, en revanche ma Corinne, je te trouve radieuse… avec toutefois un petit air contrarié. Est-ce que tout va bien?

– Oui oui tout va bien. Je suis juste un peu fatiguée… *Ce n'est pas le moment de lâcher le morceau.*

À son tour, Corinne sort sa valise siglée et la porte à la main pour éviter de la faire rouler dans la boue. Elle déteste dormir chez sa mère. La maison est tellement petite qu'on n'y trouve aucune intimité. Et puis tous ces chats qui viennent se frotter à elle, c'est tellement agaçant… Mais il faut bien faire un effort, surtout à Noël.

Tout le monde ne raffole pas des brocolis

— Je sais que vous n'allez pas rester bien longtemps, comme chaque année, aussi on va essayer de profiter de chaque instant. Venez vous asseoir près du poêle, j'ai préparé du vin chaud à la cannelle.

Les trois femmes s'installent près du feu sur les canapés accueillants. Corinne regarde autour d'elle. Les cadres au mur, les piles de livres chancelantes, les innombrables étoffes colorées, les bougies allumées, les bâtonnets d'encens aux volutes de fumée… Rien n'a changé depuis la dernière fois. À part peut-être un peu plus de poussière sur les étagères.

— Alors, ma fille, raconte-moi un peu ta vie. On ne peut pas dire que tu m'inondes de nouvelles…

— Tu vas me faire des reproches toute la soirée ou on essaie de passer un moment sympa?

— J'arrête. Promis.

— Merci, Maman.

Corinne boit une gorgée.

— Mon entreprise va bien. J'ai toujours mes deux salariés, Salomé et Maxime. Ma petite Salomé va avoir un bébé prochainement donc je dois recruter quelqu'un pour la remplacer. Et j'ai ma petite idée derrière la tête.

— Ah les bébés… c'est toujours un bonheur de les accueillir sur cette bonne vieille Terre. Tu me diras son prénom quand il sera né.

— Heu… oui, si tu y tiens… On a bien travaillé cette année. Beaucoup de nouveaux clients, des projets qui se diversifient. Je suis assez contente de notre bilan.

Corinne ajuste une mèche de cheveux et laisse un sourire se dessiner sur ses lèvres.

— Et puis j'ai rencontré quelqu'un.

Amandine intervient.

— Babouchka est au courant, je lui ai raconté quand je suis venue en octobre.

— Ah je vois… Tu racontes ma vie toi maintenant?

— Je n'allais pas mentir quand même. Babouchka m'a demandé de tes nouvelles, je lui ai raconté que tu étais heureuse, c'est tout. Pas de quoi en faire un plat.

Amandine lève les yeux au ciel. Même au coin du feu, en pleine campagne, dans une maison parfumée par l'encens, les tensions restent vives. Un rien peut tout enflammer.

177

— Et tu lui as dit quoi d'autre?

— Elle m'a dit que tu prenais de plus en plus soin de toi et de ta santé, reprend Églantine. J'en suis bien heureuse.

— C'est vrai. Je suis allée voir une naturopathe, je fais attention à ce que je mange, je pratique le yoga… Mais il faut croire que cela ne suffit pas…

— Pourquoi dis-tu ça ma chérie? Quelque chose ne va pas?

Corinne regarde sa mère, puis sa fille. Églantine, ses jolies rides autour de ses yeux malicieux. Une vie consacrée aux voyages et aux autres. Amandine, ses joues rondes et son air juvénile. La vie devant elle et déjà les premiers accrocs. La quinquagénaire décide de ne pas leur cacher la vérité plus longtemps.

— J'ai fait une mammographie il y a deux jours sur les conseils de ma gynéco. Ils ont décelé une grosseur douteuse dans le sein droit. Je dois faire des examens complémentaires.

— Quoi, mais qu'est-ce que ça veut dire maman? T'as un cancer c'est ça?

Amandine se jette dans les bras de sa mère et se met à pleurer. À croire que le stock de larmes n'est pas totalement à sec.

— Ne pleure pas ma douce. On ne sait pas encore ce que c'est. Il ne faut pas s'affoler.

— Ah la la, ça me rappelle de mauvais souvenirs. J'avais exactement ton âge quand on m'a diagnostiqué le crabe. Mais je l'ai bel et bien vaincu.

— Je sais maman. Cela me donne de l'espoir d'ailleurs. Et puis, pour le moment, rien n'est certain. Je voulais vous le dire parce que je ne suis pas au mieux de ma forme, mais essayons tout de même de passer le Noël le plus joyeux possible, d'accord?

C'est à ce moment précis que Causette, le chat d'Églantine, arrive en trombe, miaulant plus fort que jamais. Les trois femmes éclatent de rire. Rien de mieux pour alléger une atmosphère devenue trop pesante.

32

Alors que Corinne et Amandine fêtent Noël dans un foyer chaleureux, Charlotte doit faire face à l'accueil glacial de sa belle-mère. Cette dernière ne l'a jamais aimée. La jeune maman, philosophe, se dit que de toute façon aucune femme n'aurait jamais trouvé grâce à ses yeux. Personne n'est assez bien pour sa merveille de fils.

— Ah vous voilà enfin, on ne vous attendait plus !

Et voilà, que le festival commence... À peine arrivée, Charlotte est déjà exaspérée. Cette femme ne comprend-elle pas qu'ils viennent de se farcir six heures de route pour rallier la Bretagne, avec une petite fille de trois ans qui déteste la voiture ? Elle inspire un bon coup et tente de sourire.

— Bonsoir, Françoise, comment allez-vous ?

— On fait aller, on fait aller...

Le père d'Alexandre est vietnamien, sa mère bretonne. Depuis qu'elle les a rencontrés il y a six ans, Charlotte se demande ce que cet homme doux et généreux a trouvé à cette femme acariâtre et dénuée d'humour.

Françoise plante Charlotte sans même lui proposer de l'aide et se précipite vers Alexandre qui sort de la voiture et s'étire de tout son long.

— Mon fils, dans mes bras !

Heureusement, Phong arrive au même moment et embrasse affectueusement la jeune femme. Puis, il se penche vers sa petite fille et la délivre de son siège auto.

— Comment va ma petite princesse ? Tu veux boire un petit jus de pomme ? Faire pipi ?

Lila se jette dans les bras de son grand-père, les yeux encore embués des larmes versées pendant ce voyage bien trop long. Elle semble épuisée… comme ses parents.

Charlotte regarde son beau-père avec tendresse. Décidément, ce couple est une énigme. Pendant ce temps, Alexandre a réussi à s'extirper des effusions de sa mère et commence à sortir les bagages de la voiture.

– Je vous ai préparé la chambre rose. Il y a le petit lit pour Lila dans le coin. J'ai gardé la chambre bleue pour Anna. Elle vient avec son nouveau petit ami…

– Première nouvelle, je ne savais pas qu'elle avait un mec! s'étonne Alexandre.

– Je ne le connais pas non plus, mais ta sœur a l'air très amoureuse.

– Comme d'habitude quoi…

Alexandre a peu de liens avec sa petite sœur. Elle est aussi délurée que sa mère est introvertie. Charlotte sourit intérieurement. *Un petit nouveau dans la famille, ça va mettre un peu d'ambiance…*

Une fois les bagages déposés dans la chambre avec salle de bains attenante, la petite famille rejoint les parents d'Alexandre autour de la cheminée pour l'apéritif. Françoise a préparé plusieurs plateaux qui ornent la table basse.

– Tenez, j'ai préparé des petites choses à manger. Ce ne sont pas encore les agapes de Noël, j'ai fait simple pour aujourd'hui. On se réserve pour demain!

Du saucisson, des tranches de jambon fumé, du pâté… Décidément, Françoise n'a toujours pas compris que j'étais végétarienne.

– Alors Alexandre, comment se passe ta vie à Bordeaux?

«Ta» vie? Non mais *oh, j'existe aussi moi!*

Alexandre ne relève pas et répond à sa mère après avoir englouti en un rien de temps deux tranches de pâté en croûte en évitant soigneusement de croiser le regard de Charlotte.

– Nous sommes très heureux. Bordeaux est une ville magnifique et accueillante. La maison que nous louons est très confortable. Et j'ai pris mes marques pour le boulot. Bref, tout va bien!

– Quant à moi, j'ai effectué un stage d'observation dans une agence d'organisation d'événements, tente Charlotte.

Tout le monde ne raffole pas des brocolis

— Ah très bien, très bien… Mais dis-moi Alexandre, ce n'est pas trop dur de travailler à distance avec ton entreprise ?

Cette fois, Alexandre semble surpris par la réponse de sa mère. Elle a à peine écouté ce que lui a dit Charlotte. Elle exagère tout de même.

— Tu n'es pas curieux du stage de Charlie, Maman ? Je ne crois pas t'en avoir parlé au téléphone, c'est tout récent.

— Si, si bien sûr. Raconte-nous Charlotte.

Avec son air pincé, Françoise ne masque pas son détachement. Charlotte essaie tant bien que mal de raconter son expérience réussie à la Big Wedding Factory, l'entreprise de Corinne. Elle s'accroche au sourire bienveillant de Phong qui, quant à lui, semble sincèrement intéressé par ce qu'elle raconte et lui pose de nombreuses questions. Françoise se lève, prétextant aller chercher quelque chose à la cuisine. *Elle est tout bonnement incroyable cette femme…*

Soudain, un coup de klaxon retentit.

— Voilà Anna !

Françoise semble ravie de voir sa fille arriver. Il y a donc un cœur qui bat sous cette armure de pierre. Tout le monde sort de la maison pour accueillir le jeune couple. La sœur d'Alexandre sort de la voiture suivie de près par un jeune homme barbu aux cheveux hirsutes.

— Salut, tout le monde, ça va bien ? Je vous présente Fredo, l'homme de ma vie !

Charlotte embrasse la jeune femme puis son compagnon.

— Bienvenue Fredo ! Je suis Charlotte, la compagne d'Alexandre. Et voici Lila notre petite fille.

Lila se cache en se tortillant derrière la longue jupe à fleurs de sa mère. La petite fille a ses têtes, et certains jours, comme aujourd'hui, elle semble carrément morte de peur lorsqu'elle rencontre de nouvelles personnes. Cela ne trouble pas pour autant le jeune homme qui semble bien plus intéressé par la jeune maman aux boucles rousses que par sa petite fille. Alexandre remarque immédiatement les regards insistants dudit Fredo sur sa compagne. Ce qui a le don de l'irriter profondément. Il l'aide pourtant à monter les valises dans leur chambre sans broncher.

Chacun prend place autour de la cheminée. Phong ouvre une bouteille de champagne, Anna fait des petites tresses à Lila et Françoise a même la riche idée de passer un peu de musique. Fredo, judicieusement assis à côté de Charlotte, lui tend une assiette de jambon.

Camille Choplin

– Non merci, je n'en mange pas.
– Tu préfères un peu de pâté?
– Non plus en fait, je suis végétarienne.
– Sans blague! Tu ne manges pas de viande du tout?
Françoise intervient dans la conversation.
– Ah oui, d'ailleurs pour le repas de demain, je t'ai prévu du saumon fumé pour remplacer la dinde.
– Merci, Françoise, mais je ne mange plus de poisson non plus depuis quelques semaines. En réalité, les végétariens ne mangent pas de chair animale.
La belle-mère de Charlotte se renfrogne aussitôt en marmonnant.
– Mais si, moi je connais plein de végétariens qui bouffent du poisson, reprend Fredo en fin connaisseur.
– Alors ce ne sont pas vraiment des végétariens, plutôt des flexitariens qui limitent leur consommation de viande et de poisson sans pour autant arrêter complètement. Pour ma part, je ne mange plus de viande ni de poisson.
– Et ce n'est pas trop dur?
Fredo se rapproche encore un peu plus de Charlotte afin de lui servir une nouvelle coupe de champagne. La jeune maman, un peu gênée, se recule instinctivement. Alexandre bouillonne. Anna, quant à elle, ne semble pas remarquer le comportement de son petit ami.
– Ce n'est pas si difficile, on trouve plein d'alternatives. C'est un choix très intime. Je ne peux plus voir un morceau de viande sans penser à l'animal que c'était autrefois.
Françoise, visiblement très mal à l'aise sur le sujet, coupe court à la conversation.
– Bon, passons à autre chose, les états d'âme de Charlotte ne passionnent pas tout le monde, je pense. Alors, est-ce que tout le monde a préparé ses cadeaux pour demain?
Mes « états d'âme », mais bien sûr…
En entendant le mot « cadeaux », Lila s'anime aussitôt.
– C'est le Père Noël qui apporte les cadeaux!
– Oui ma chérie, bien sûr, répond sa grand-mère. Mais les adultes se font aussi des cadeaux entre eux, tu sais.
– Moi j'ai un peu zappé je t'avoue. Je descendrai à la ville demain matin faire deux-trois courses.
Décidément, Anna ne change pas. Toujours aussi adolescente dans sa façon d'être, pense Charlotte.

Tout le monde ne raffole pas des brocolis

Le lendemain matin, tout le monde se prépare pour la veillée de Noël. Anna et Fredo sont partis en ville comme prévu, Françoise s'active en cuisine pour préparer le dîner de fête, Phong habille le sapin d'innombrables guirlandes avec une Lila plus que ravie de l'assister. En finissant son café, Alexandre profite de ce moment de calme pour questionner Charlotte sur l'attitude de Fredo.

— Dis donc, tu ne le trouves pas un peu pressant ce type?

— Si, beaucoup. Il me met très mal à l'aise. Mais c'est surtout la passivité de ta sœur qui me gêne. Elle ne semble rien remarquer.

— Et ça t'étonne? Elle a toujours été à l'Ouest. Mais s'il continue lui, je lui mets mon poing là où il faut!

Charlotte éclate de rire, à la fois amusée et touchée de sentir l'âme de chevalier blanc de son compagnon.

— Toi, violent? Ce serait bien la première fois! Mais j'aime bien quand t'es jaloux, je trouve ça mignon comme tout.

— Je ne suis pas mignon, je suis super énervé. Il a intérêt à bien se tenir le chevelu!

Le reste de la journée se poursuit tranquillement jusqu'au dîner. La famille d'Alexandre n'est pas catholique, mais Françoise tient à ce qu'ils se rendent tous à la messe de Noël « pour l'ambiance ». Charlotte n'aime pas spécialement qu'on réduise la messe à son folklore mais elle met ses *a priori* de côté et suit le mouvement.

Après la messe, c'est enfin l'heure des cadeaux. Lila est si impatiente que la décision de les ouvrir avant le dîner a semblé être la meilleure. La petite fille déchire les emballages avec énergie. Papiers et rubans dorés s'amoncellent sur le tapis. Charlotte, qui voulait éviter la surenchère de cadeaux et d'emballages, est dépitée. Une poupée vulgaire à souhait et sa trousse de maquillage à la composition douteuse, un déguisement de princesse synthétique et un livre d'autocollants criards. Comment faire passer le message à ses beaux-parents qu'un seul cadeau, choisi avec soin, est amplement suffisant? La fillette est ravie d'étaler ses cadeaux autour d'elle mais se met à jouer avec l'unique cadeau de ses parents, des cubes en carton à empiler jusqu'à devenir une pile plus haute qu'elle fait tomber aussitôt pour mieux recommencer en riant. *Bien fait!* jubile Charlotte, fière d'avoir vu juste.

— Un petit toast? propose Françoise à l'assemblée. Sauf pour Charlotte qui ne mange pas de foie gras bien sûr…

Charlotte ronge son frein.

– À propos ma petite Charlotte, maintenant que Lila a ouvert ses cadeaux, on peut passer à ceux des adultes. Voici le tien.

Charlotte, surprise de recevoir son cadeau avant les autres, ne sait quoi répondre. Elle ouvre consciencieusement son cadeau, suremballé et enrubanné, et découvre à l'intérieur un tour de cou en fourrure. La jeune femme blêmit, la boîte lui tombe des mains.

– C'est une blague Françoise ?

– Mais pas du tout, c'est du vison, c'est un cadeau très luxueux, tu sais.

– Je m'en fous que ce soit luxueux ! J'ai arrêté de bouffer des animaux, vous pensez que c'est pour me les mettre autour du cou ? Mais vous êtes vraiment à côté de la plaque décidément. Oh, et puis j'en ai assez !

Charlotte se lève et sort de la maison en claquant la porte. Le froid est saisissant. En cette veillée de Noël, il ne neige pas mais une petite bruine rend la nuit encore plus glaciale. La porte s'ouvre derrière elle.

Pitié pas lui…

– Alors belle-sœur, on prend les choses à cœur ?

– Je ne la supporte plus. Je ne vais pas pouvoir rester dans cette maison avec cette horrible femme plus longtemps.

– Allons, allons, viens là, je vais te consoler.

Fredo marche vers elle en lui ouvrant les bras quand la porte s'ouvre à nouveau sur Alexandre cette fois, un châle à la main.

– Hé, mais qu'est-ce que tu fais là ? Tu te prends pour qui ? Si quelqu'un doit consoler Charlotte c'est moi, dégage !

Alexandre bouillonne tellement que le jeune homme ne se fait pas prier. Charlotte se jette dans les bras de son compagnon qui lui met le châle sur les épaules.

– Tu crois qu'elle l'a fait exprès ? Je savais qu'elle me détestait mais pas à ce point…

– Je ne suis pas sûr qu'elle l'ait fait exprès ma chérie. Je l'ai quand même bien engueulée avant de sortir. Maintenant, essayons de nous calmer un peu et de passer tout de même une bonne soirée. Pour Lila au moins. Ne lui gâchons pas son Noël, elle est tellement heureuse ce soir.

– Tu as raison. Mais je le fais pour vous. Et ne compte pas sur moi pour revenir ici avant six mois. Il va bien me falloir ça pour faire redescendre la pression…

33

– Bonne année Alexandre !

– Bonne année Corinne ! Entrez, je vous en prie.

Une composition de jacinthes sous le bras, Corinne arrive seule pour célébrer, autour d'un goûter, la nouvelle année.

– Bonjour, Charlotte, et bonne année ! Comme tu le vois, j'ai bien retenu la leçon des fleurs locales et de saison ! Celles-ci viennent de Dordogne.

– Merci, Corinne, il ne fallait pas…

– Ça me fait plaisir. Comment vas-tu ? Vous avez passé de bonnes fêtes ?

– Heu… On va dire que ça s'est passé, je ne m'étendrai pas sur le sujet. Tiens, donne-moi ton manteau, je vais le mettre dans la chambre.

Lila montre fièrement sa poupée ultra maquillée à Corinne.

– Elle est bien belle ta poupée, dis donc. Tu l'as eue à Noël ?

– Oui, c'est le Père Noël qui me l'a apportée.

Charlotte rejoint Corinne dans le salon.

– Tu vois, c'est précisément l'une des raisons qui m'ont fait détester Noël cette année. Le *Père Noël* a couvert Lila de cadeaux *made in China* inutiles et vulgaires.

– Je lui parlerai à ce sujet, intervient Alexandre. Je te l'ai promis. Mais ça lui fait tellement plaisir de gâter la petite.

– Tout le monde dit ça, et on surconsomme, encore et toujours. Il y a bien un jour où les gens vont se rendre compte que ça ne peut plus continuer, non ?

— Euh, ce n'est pas à moi qu'il faut poser la question, avoue Corinne. Je suis une grande consommatrice et bien loin d'être repentie… Mais entre Amandine et toi, je vais forcément avancer sur ce chemin-là.

La sonnette retentit. La porte s'ouvre sur Amandine, suivie de près par Stéphane et son fils Enzo.

— Bonne année à tous !

Charlotte écarquille les yeux devant la corbeille de fruits exotiques offerte par son voisin.

— Je sais, Charlotte, ce n'est pas local du tout mais je me suis dit qu'après les agapes des fêtes, ce serait sympa de manger des fruits. Promis, je ne le ferai plus !

— OK, ça va pour cette fois, mais que je ne t'y reprenne plus, hein ? rit Charlotte, un peu mal à l'aise.

Décidément, ils me prennent tous pour une écolo radicale… Je n'ai pas envie de passer pour la rabat-joie de service. Il faudrait peut-être que je lâche un peu la bride sur mes principes…

Enzo s'installe dans le canapé avec la BD qu'il a apportée, peu enclin à discuter avec les grandes personnes. Amandine prend Lila sur ses genoux et lui demande de lui raconter son Noël. Charlotte et Alexandre, quant à eux, s'affairent en cuisine pour finir de préparer le thé, le café et les petits gâteaux. Stéphane se retrouve seul avec Corinne. Ils se sont déjà croisés dans le quartier, mais ne se sont encore jamais parlé.

— Alors comme ça, c'est vous qui avez offert un stage à Charlotte ? Elle avait l'air ravie quand elle m'en a parlé.

— Elle peut, elle a fait un travail extra en quelques semaines à peine. C'est une perle, très créative. D'ailleurs, je ne compte pas m'en tenir là…

— Ah bon ? Vous avez un job pour elle ?

— Chut, c'est une surprise, vous allez voir !

Corinne a pris son petit air mutin. Stéphane semble sous le charme.

Une fois les victuailles servies sur la table du salon, Charlotte lance la conversation :

— Alors, quelles sont vos bonnes résolutions pour cette nouvelle année ?

— Ah ! Je passe mon tour, avoue Stéphane. Chaque année, je me mets au défi de perdre dix kilos. Et en décembre, je me retrouve toujours avec un kilo de plus que l'année précédente. Fini pour moi les bonnes résolutions, ça vaut mieux !

Tout le monde ne raffole pas des brocolis

— Peut-être en effet… sourit Corinne. Pour ma part, je vais continuer mes efforts pour manger mieux. Et garder le rythme de ma séance de yoga hebdomadaire, voire un peu plus. C'est une vraie révélation pour moi, je ne pourrai plus m'en passer.

Et voir ce qui va se passer avec cette foutue mammographie.

Amandine pose sa tasse de café.

— Moi, je vais me replonger à fond dans les études. Avec mon stage qui démarre bientôt, j'ai compris que je devais mettre toutes les chances de mon côté pour pouvoir faire bouger les choses à mon échelle. Cette expérience dans l'économie sociale et solidaire va bien impacter la suite de mon parcours, je pense.

Corinne est ravie de ces paroles qu'elle n'attendait plus. *Décidément, cette petite ne cessera jamais de me surprendre…*

— Moi ce sera plus simple : tenter de me trouver un club pour pratiquer un sport d'équipe. J'ai bien envie de me remettre au foot ! lance Alexandre. Et toi ma chérie ?

— Eh bien moi je vais continuer à tester les produits faits maison. La lessive n'était pas une grande réussite, hein mon chéri, dit Charlotte dans un clin d'œil appuyé, mais plein de choses m'intéressent ! Je voudrais apprendre à coudre par exemple. Et puis, je vais tout faire pour trouver un job en accord avec mes valeurs.

— Justement Charlotte… intervient Corinne.

— Oui ?

— Comme tu le sais, Salomé va partir en congé maternité. Je ne pensais pas la remplacer pour seulement quelques mois, mais tu m'as fait une telle impression pendant ton stage que j'ai bien envie de te proposer son poste. Qu'en dis-tu ?

Charlotte ne retient pas sa joie. Lila trop heureuse de voir sa mère rayonner, saute sur ses petits pieds en battant des mains.

— Mais j'en dis que du bien, Corinne ! C'est génial, merci mille fois !

— On pourrait en profiter pour étudier à fond les pistes d'un mariage plus écologique ? Tu me ferais tout le *sourcing* des prestataires potentiels et tu travaillerais sur une offre globale.

— Chère voisine, tu ne pouvais pas me faire plus plaisir. Viens que je t'embrasse !

Les deux femmes sont en pleines effusions quand la sonnette retentit à nouveau.

Camille Choplin

— Ça doit être Laurent, je lui ai dit de nous rejoindre.

Stéphane est dépité. Il pensait avoir un peu plus de temps pour faire connaissance avec sa voisine. *Raté…*

Charlotte embrasse son dernier invité, le délestant de son manteau et d'une bouteille de vin, qu'elle compte bien ouvrir en tête-à-tête avec son amoureux plus tard dans la soirée.

— Merci Laurent, il ne fallait pas voyons… Et bonne année! Alors, comment s'est passé le mariage de Marie? J'étais un peu frustrée de ne pas pouvoir suivre le projet jusqu'au bout.

— Ah, c'était encore plus magique que sur le papier. Tout était parfait! Marie est sur un petit nuage, on peut vraiment dire que cela a été le plus beau jour de sa vie.

Corinne sourit, assez fière d'avoir comblé les attentes de sa presque belle-fille.

— Charlotte, je te montrerai les photos quand tu reviendras au bureau. Le fleuriste a proposé une décoration féerique, on se serait cru dans la forêt de Brocéliande au milieu des lutins. Et l'officiante de cérémonie a totalement joué le jeu.

— Une officiante de cérémonie? C'est quoi ce truc? demande Stéphane, la bouche recouverte de chocolat.

— C'est quelqu'un qui propose des cérémonies laïques aux couples qui ne veulent pas se marier à l'église, mais qui ont besoin d'un peu plus de sacré que le simple passage à la mairie. Attention, c'est loin d'être une cérémonie un peu kitsch comme on voit dans les comédies romantiques américaines. Cette jeune femme propose un accompagnement sur mesure pour que les mariés puissent vivre une cérémonie qui leur ressemble. Le résultat est d'ailleurs souvent très émouvant.

Laurent pose sa main sur celle de Corinne. Stéphane louche sur leurs doigts entrelacés.

— Mais le plus merveilleux dans tout cela, c'est que le mariage de ma fille adorée m'a permis de rencontrer une femme absolument extraordinaire.

Une fois les invités partis et Lila couchée, Charlotte revient sur la proposition de Corinne tout en rangeant la cuisine avec Alexandre.

— Tu te rends compte, ce job qui me tombe dessus sans même le chercher, c'est incroyable non?

Alexandre l'enlace tendrement et l'embrasse dans le cou.

Tout le monde ne raffole pas des brocolis

— Tu le mérites amplement ma chérie. Corinne te propose le poste seulement parce qu'elle croit en ton potentiel pour faire avancer sa boîte. Elle n'est pas folle, tu sais !

— Oui tu as raison. Mais quand même, je n'en reviens pas.

Charlotte alpague Alexandre en prise avec le lave-vaisselle.

— Ce qu'il me faudrait, c'est un mariage test tu vois, pour vraiment rentrer dans le sujet, rendre les choses les plus réelles possible. Alors je me disais, comme ça, spontanément, que tu pourrais m'aider dans ma mission.

Alexandre éclate de rire.

— Ah oui, et comment ma chérie ?

— Épouse-moi !

— Eh bien, on peut dire que tu as le sens du romantisme ma Charlie !

La jeune femme se rend compte de l'incongruité de sa demande. Elle est confuse.

— Pardonne-moi, je suis encore sous le coup de la proposition de Corinne, je raconte n'importe quoi…

Alexandre la coupe aussitôt.

— Ce sera avec joie. Évidemment. Test ou pas test, tu es la femme de ma vie, ma moitié, la prunelle de mes yeux. Alors oui, marions-nous et montrons-leur à tous que, cette année, c'est la nôtre ! D'ailleurs, que dirais-tu de choisir Fredo comme témoin ? Ah ah !

Épilogue

Charlotte se regarde dans le miroir en pied. Elle se trouve radieuse. D'ailleurs, elle *est* radieuse. *Le plus beau jour de ma vie...* C'est donc vrai tout ce qu'on dit : elle est en train de le vivre pour de bon ! Elle qui criait sur tous les toits que le mariage ne sert pas à grand-chose, qu'un bout de papier signé à la mairie ne prouve en rien l'amour que l'on porte à une personne... Elle a complètement changé d'avis au cours de ces dernières semaines.

Après sa demande en mariage inattendue aux premiers jours de l'année, Charlotte a démarré son contrat à la Big Wedding Factory et facilement convaincu Corinne de suivre un « mariage test ». *Son* mariage. En préparant son propre événement, elle pouvait mettre sur pied une offre complète pour les couples ayant à cœur d'organiser le mariage le plus écoresponsable qui soit.

Au fil des mois, Charlotte a ainsi passé en revue l'ensemble des besoins pour créer cet événement exceptionnel. Elle a opté pour une robe d'occasion, dénichée dans un dépôt-vente spécialisé. En grande habituée des friperies et vêtements de seconde main, elle n'a eu aucun scrupule à choisir une robe ayant déjà servi à une autre. Elle n'y voit même que des avantages : pas de pression supplémentaire sur la planète pour cultiver la matière première, la transformer et la transporter, et, surtout, un prix riquiqui par rapport à une robe flambant neuve. Quelques ajustements auprès d'une couturière ont été nécessaires pour souligner sa poitrine et mettre en valeur sa taille fine. Le résultat est parfait à ses yeux. *Simple, élégante, unique... Tout moi !*

Camille Choplin

Alexandre et elle ont choisi d'organiser un mariage en petit comité et en toute simplicité au Hameau des Abeilles, l'écolieu où Amandine avait passé l'été avec Théo. Ils ont choisi cet endroit pour de nombreuses raisons : sa situation en pleine nature, sa beauté authentique, sa proximité de Bordeaux et, bien sûr, l'ambition de ses responsables : s'engager pour une agriculture biologique et nourrir les liens entre les gens. Amandine lui avait soumis l'idée, aussitôt vérifiée pour sa faisabilité et approuvée par l'ensemble de l'équipe de la Big Wedding Factory.

Une trentaine de personnes ont été invitées, la famille des futurs mariés et quelques amis proches, dont Yannick, le maître des lieux. Seulement les personnes qu'ils ont vraiment envie de voir. À part Françoise bien sûr... Mais Charlotte ne peut décemment pas empêcher sa belle-mère de venir au mariage de son fils adoré. Les deux femmes ne se sont pas revues depuis le dernier Noël catastrophique. Et Françoise s'est bien gardée de féliciter sa belle-fille après qu'Alexandre lui a annoncé la grande nouvelle. *Tant pis pour elle, elle ne gâchera pas mon bonheur aujourd'hui...*

Pour se préparer, la jeune mariée s'est installée dans la même roulotte que Théo et Amandine avaient utilisée lors de leur séjour. Elle est entourée de sa mère – yeux embués et mascara qui coule – et d'une maquilleuse-coiffeuse soigneusement choisie pour ses produits naturels et certifiés bio. Et elle excelle dans son domaine, ce qui ne gâche rien.

Charlotte observe son reflet dans les moindres détails. Son teint de porcelaine parsemé d'une multitude de taches de rousseur est parfait, ses yeux noisette sont subtilement mis en valeur et sa bouche légèrement rosée grâce à un baume nourrissant teinté. Pour la coiffure, la jeune femme a opté pour un chignon souple qui laisse quelques-unes de ses boucles rousses encadrer son visage. Pour finaliser le tout, une couronne de lierre et de fleurs des champs, blanches et rose pâle, a été tressée en début d'après-midi par Amandine. Charlotte est ravie du résultat. Elle se sent belle et en confiance. Elle est prête pour dire oui à l'homme de sa vie.

Alexandre se prépare dans le studio de radio situé un peu plus loin. Superstitieux, il ne souhaite pas croiser sa dulcinée avant la cérémonie. Il a revêtu un costume trois-pièces gris perle loué pour l'occasion, assorti d'une cravate aux couleurs de la couronne de fleurs de sa promise. Son père est là. Heureusement, car les nœuds de cravate ne sont pas son fort. C'est aussi l'occasion pour ce dernier de lui donner

Tout le monde ne raffole pas des brocolis

quelques conseils avisés sur la vie de couple. D'ordinaire discret, Phong s'épanche en racontant à son fils combien il aime son épouse malgré son caractère difficile. Il lui livre même quelques détails intimes sur leur quotidien. Alexandre en est tout étonné, voire un peu gêné, mais l'écoute attentivement sans l'interrompre. Ces moments de confidence sont si rares qu'il les savoure.

Dans la roulotte, la situation se tend légèrement. La mère de Charlotte est au pic de son stress. Elle ne cesse de regarder sa montre en faisant les cent pas.

– Allez, ma chérie, il est temps d'y aller, les invités doivent tous être arrivés maintenant.

– Ne t'angoisse pas maman, tout est prévu. J'attends juste qu'Alexandre sorte de la maison pour le suivre. On évitera de se croiser comme ça, ça porte malheur, tu sais bien!

La mère de Charlotte est bien plus angoissée qu'elle. La jeune maman, pourtant émotive, s'étonne d'ailleurs elle-même de son calme olympien.

– Peux-tu aller voir si tout va bien pour Lila? Elle joue dehors avec Amandine et Souraya. Tu peux leur dire de s'installer au premier rang avec toi. Moi je guette Alexandre par la fenêtre pour choisir le meilleur moment pour sortir.

Quelques instants plus tard, Charlotte descend du marchepied, après avoir chaleureusement remercié la maquilleuse. Décidément, cette roulotte lui fait vraiment penser au carrosse de Cendrillon. Mais aujourd'hui, c'est elle la reine de la fête! Corinne l'attend, le sourire aux lèvres.

– Charlotte, tu es splendide! Ton mari ne va pas regretter une seconde de t'épouser!

– Merci Corinne! D'autant plus que nous sommes mariés civilement depuis une semaine, il ne peut plus reculer maintenant!

– Tu as raison… Mais cette cérémonie symbolique va être tellement plus forte qu'à la mairie, tu vas voir, tu vas être toi-même surprise.

– Je m'y prépare… mais j'ai déjà l'impression d'être sur un nuage!

Le jeune couple a choisi de faire la cérémonie dans la grange. Les outils ont été soigneusement rangés par l'équipe. Yannick, le coordinateur du lieu, a d'ailleurs bien aidé à l'organisation de la journée pour ce tout premier mariage à l'écolieu.

Les invités sont installés sur des ballots de paille. Une multitude de bouquets de fleurs blanches sont suspendus aux poutres. Pour éviter les bougies, des petites guirlandes à énergie solaire sont disposées le long des murs en bois. En cette fin d'après-midi du mois de juin, le soleil est encore haut dans le ciel et baigne l'espace de ses rayons dorés.

Corinne inspecte l'ensemble de son œil aguerri. Tout semble en place et conforme aux souhaits des mariés. Sa mission est réussie, même si rien n'est totalement gagné avant le dernier invité parti.

La cheffe d'entreprise a vécu un hiver en demi-teinte. Depuis l'annonce, à Noël, par les médecins d'un risque de cancer du sein, elle est retombée dans ses travers. Abus d'alcool et de cigarettes, malbouffe, manque d'activité physique. *À quoi bon prendre soin de soi si ça ne sert à rien…* Bien sûr, ses maux de ventre sont revenus au galop accompagnés d'une humeur massacrante. Malgré tout, Laurent l'a soutenue, restant fidèlement à ses côtés, à l'écoute, disponible.

Et puis, au début du printemps, le soulagement. Enfin. Tout risque de cancer avait été écarté. Corinne avait alors ressenti une pulsion de vie incroyable. L'envie de « bouffer le monde » comme elle disait. Avec, si possible, cet homme presque parfait à ses côtés. Le couple décida alors de partir pour trois mois. Asie du Sud-Est, Australie, Nouvelle-Zélande… Laurent avait tracé sa route idéale. Corinne se laissa griser par le bonheur de ne rien maîtriser pour une fois dans sa vie. Elle était sereine. Elle savait qu'elle pouvait laisser les clés de son entreprise en toute confiance à Maxime et Charlotte qui avait largement fait ses preuves pendant le remplacement de Salomé. Cette dernière avait finalement choisi de prendre un congé parental, à la grande joie de Charlotte qui pouvait ainsi rester un peu plus longtemps dans l'entreprise.

Soudain, l'assemblée jusque-là bavarde et agitée se tait. Un air de violoncelle emplit la grange. C'est la jeune cousine d'Alexandre qui se met à jouer une suite de Bach. Les futurs mariés connaissant son talent lui ont proposé d'animer la cérémonie. Elle avait d'abord hésité mais s'était laissée convaincre. La beauté de la musique ajoute aussitôt une vive émotion à l'instant. Alexandre entre dans la grange au bras de sa mère. Il semble à la fois tendu mais confiant. Françoise, quant à elle, ne cache pas son agacement. *On lit en elle comme dans un livre ouvert,* se dit Corinne, bien au fait du comportement et du

Tout le monde ne raffole pas des brocolis

caractère de la belle-mère de Charlotte pour en avoir discuté avec elle de nombreuses fois.

Puis c'est au tour de Charlotte, éblouissante dans sa robe en dentelle et soie sauvage qui lui sied à merveille. À son bras, son père, fier comme Artaban, la conduit jusqu'à son bien-aimé sous le regard bienveillant de l'assemblée.

Le violoncelle s'arrête. Les tourtereaux se retrouvent face à face devant Stella, la jeune femme qui a concocté avec eux une cérémonie symbolique sur mesure. Alexandre, subjugué par la beauté de Charlotte, ne la quitte pas des yeux. Il n'est pas le seul. On entend un joyeux «T'es belle maman!» Au premier rang sur les genoux d'Amandine, Lila est aux anges.

Charlotte est très émue. Elle se laisse totalement submerger par la magie de l'instant. Elle qui ne voulait pas d'un mariage traditionnel est comblée. Cette cérémonie est la leur. Ils l'ont créée ensemble, chaque moment de préparation étant l'occasion de parler de choses profondes, ces choses que l'on n'évoque jamais dans la vie quotidienne. Loin du dîner orageux à la brasserie où les mots peinaient à venir, les futurs mariés avaient retrouvé la magie des premiers jours de leur rencontre. Ils s'étaient mutuellement redécouverts pour finalement réaliser à quel point ils s'aimaient. Le désir d'engagement proposé en l'air par Charlotte s'était révélé indispensable à la suite de leur vie à deux.

Stella leur avait précisé que c'est en se déclarant leur amour devant leurs proches que leur engagement allait s'enraciner pour de bon. «En nommant les choses, on leur donne du sens». Cette phrase avait subjugué Charlotte lors de leur premier rendez-vous dans un salon de thé cosy au cœur des Chartrons. Elle résonne aujourd'hui en elle, à ce moment si fort et si doux où ses proches vont assister à cette déclaration d'amour qu'elle n'a encore jamais osé faire à Alexandre. Ce dernier craignait de tomber dans une cérémonie guimauve comme on en voit dans les séries américaines. Mais la créatrice de cérémonie l'a vite rassurée en lui promettant un événement empreint de solennité tout en restant simple.

Pour commencer, les mariés ont prévu un rituel axé sur la symbolique des quatre éléments. Cela pour à la fois rappeler l'attachement viscéral de Charlotte à la nature, mais aussi pour donner une place toute particulière à quatre personnes de leur entourage.

Les quatre « témoins » se mettent en cercle tout autour des mariés. À l'appel de Stella, la meilleure amie de Charlotte, descendue tout droit de Paris, s'avance pour représenter la terre, l'élément racine, qui symbolise l'organisation, l'ancrage. La jeune femme lit un court texte qu'elle a écrit sur ces qualités que la terre peut apporter au couple. Puis elle leur fait à chacun un petit trait de terre argileuse sur les mains. Charlotte regarde son amie avec tendresse. Elle rêverait de la prendre dans ses bras mais reste concentrée dans la solennité de l'instant.

Ensuite, c'est au tour du plus vieil ami d'Alexandre de s'avancer. Ils se connaissent depuis la maternelle et ont grandi ensemble. Pendant ce rituel, il représente l'eau, l'élément de l'adaptabilité par excellence. L'eau, source de vie, qui se faufile partout et change de nature selon les températures. Le jeune homme n'a rien écrit, il préfère se laisser porter par l'instant et improvise quelques mots. Puis, à son tour, il verse de l'eau sur les mains des mariés. Alexandre, qui redoutait un peu ce moment, se laisse à son tour imprégner par l'émotion. Il ne s'attendait pas à être aussi touché de l'implication de son ami. Celui-ci retourne à sa place dans le cercle dans un sourire.

Puis vient le tour d'Anna, la sœur d'Alexandre. Si cette dernière et son frère ne parviennent pas à trouver une vraie complicité, le jeune marié a tout de même tenu à lui donner un rôle dans la cérémonie. Elle a accepté sans trop savoir ce qu'elle allait en faire… Elle doit à présent représenter l'air, symbole de l'harmonisation dans le couple. Anna a choisi une parole du peintre Claude Monet. Sa main tremble un peu alors qu'elle extirpe un bout de papier de son sac à main.

Je veux peindre l'air dans lequel se trouve
le pont, la maison, le bateau.
La beauté de l'air où ils sont,
et ce n'est rien d'autre que l'impossible.

Elle s'avance ensuite vers Charlotte et lui souffle sur le front. Elle fait de même pour Alexandre. Leurs regards se croisent furtivement, mais chacun peut y lire l'attachement qu'ils se portent malgré leur distance.

C'est enfin le moment du dernier élément, le feu, qui symbolise le guide. Charlotte a proposé à sa mère de l'incarner. Sa mère, toujours négative, toujours en train de ruminer ses pensées, est pourtant un vrai guide pour la jeune femme, comme un phare indispensable pour avancer dans sa vie. La grand-mère de Lila, tout d'abord étonnée par cette histoire de cérémonie symbolique, a finalement accepté et choisi de dire un texte qu'elle a écrit sur l'amour en général. Elle est un peu à côté du symbole «feu» en cet instant, mais personne ne lui en tient rigueur tant cela vient du cœur. Ensuite, elle trace un trait de suie sur les mains des mariés. Elle ne peut s'empêcher de se dire que cela va tacher la si jolie robe blanche de la mariée mais qu'importe. À ce moment précis, elle est extrêmement heureuse pour sa fille.

Une fois le rituel terminé, le cercle se dissout et chacun retourne à sa place. Le violoncelle emplit à nouveau l'air de ses notes graves pour laisser l'émotion se dissiper.

Stella reprend la parole en enroulant un ruban autour des mains des mariés sans le nouer. Elle demande à chacun de répéter la phrase :

«Mes mains sont liées à tes mains, veux-tu être mon allié?»

Puis, tour à tour, les mariés prennent la parole pour prononcer leurs vœux d'engagement. Charlotte, très inspirée, a rédigé une véritable déclaration d'amour. Elle la déclame presque sans avoir recours à son papier tant elle semble l'avoir répété. Elle conclut :

– En cette drôle d'époque où rien ne dure vraiment, j'ose l'engagement. Alexandre, je me donne à toi, dans la confiance absolue, dans ce lien qui libère et n'enferme jamais. Aujourd'hui, devant tous ici, j'ose l'Amour.

Alexandre, au bord des larmes, prend à son tour la parole.

– Merci chérie pour ce texte magnifique. Moi qui ne suis pas très à l'aise avec les mots, je n'ai pas osé écrire. Je préfère te chanter une chanson.

Charlotte laisse échapper un petit cri de surprise. Elle rit. Alexandre est doué pour beaucoup de choses mais certainement pas pour le chant! Elle est encore plus étonnée lorsque son meilleur ami arrive avec une guitare et s'assoit près d'eux. Les mains toujours liées à celles de sa femme par le ruban, le jeune marié se met à chanter du Francis Cabrel, l'un des chanteurs préférés de Charlotte qui n'a jamais caché son goût pour la variété française.

Elle parle comme l'eau des fontaines
Comme les matins sur la montagne
Elle a les yeux presque aussi clairs
Que les murs blancs du fond de l'Espagne
Le bleu nuit de ses rêves m'attire
Même si elle connaît les mots qui déchirent
J'ai promis de ne jamais mentir
À la fille qui m'accompagne

Camille Choplin

On s'est juré les mots des enfants modèles
On se tiendra toujours loin des tourbillons géants
Elle prendra jamais mon cœur pour un hôtel
Je dirai les mots qu'elle attend
Elle sait les îles auxquelles je pense
Et l'autre moitié de mes délires
Elle sait déjà qu'entre elle et moi
Plus y a d'espace et moins je respire[2]

Charlotte est sans voix. Non seulement cette chanson est l'une de ses préférées, mais surtout Alexandre chante juste! À croire qu'il a suivi des cours pour l'occasion… *Décidément, cet homme m'étonnera toujours…*

Amandine est très émue elle aussi. Elle aimerait pouvoir un jour connaître un amour aussi fort, qui lui donnerait envie de se marier et d'avoir des enfants. Pour le moment, elle est jeune, elle a bien le temps d'y penser. Elle y avait pourtant cru l'été dernier, quand son cœur d'artichaut s'était carbonisé pour Théo. Mais la vie l'avait emmené loin d'elle et, peu à peu, la distance les avait séparés pour de bon. Théo lui avait un jour envoyé un message comme quoi il était tombé sous le charme d'une jeune Mexicaine avec qui il travaillait à la ferme. Amandine, le cœur en miettes, s'était alors étourdie dans les bras d'autres garçons, dont Jules, le sex-symbol de sa classe dont elle rêvait depuis si longtemps. À l'instar de sa mère qui avait vécu sa crise d'adolescence au moment de son divorce, elle comptait bien profiter des joies du célibat avant de se caser pour de bon. Elle avait également retrouvé toute la complicité qui l'unissait à Souraya. Les deux étudiantes avaient de nouveaux plans pour partir pendant l'été à l'aventure.

Pendant la cérémonie, Amandine est missionnée pour s'occuper de Lila. Pour le moment, cette dernière, adorable dans sa jolie robe de demoiselle d'honneur, est sage comme une image, attentive à la moindre parole échangée par ses parents. Du haut de ses trois ans et demi, celle-ci semble également très émue. Elle comprend qu'il se passe quelque chose de fort pour son papa et sa maman.

Quand la cérémonie est terminée, Lila mène ses parents et le cortège qui les suit vers la sortie de la grange pour se rendre au buffet dressé

---

2. « La fille qui m'accompagne », album *Quelqu'un de l'intérieur*, CBS, 1983.

Tout le monde ne raffole pas des brocolis

sous le tilleul. Cet arbre est connu pour donner de la fraîcheur. Elle est la bienvenue en cette chaude journée du début de l'été.

Alexandre et Charlotte ont fait appel à une jeune femme traiteur végétarienne, spécialisée dans la cuisine des plantes sauvages et des fleurs. C'est la première fois qu'elle travaille pour BWF. Elle a soigné le menu tout autant que la décoration. La table est un régal pour les yeux et les papilles. Même Françoise semble apprécier. *Tout arrive…!*

La fête se poursuit autour d'un banquet servi dans la cour de la ferme. Une table immense est dressée et le dîner est servi dans de grands plats à partager pour plus de convivialité. Le repas est ponctué de discours et de chansons dans une ambiance bon enfant. La soirée se clôture par un bal sous les lampions et les étoiles, au son d'un orchestre local spécialisé dans les vieux standards.

Tard dans la nuit, alors que la plupart des invités sont partis, Charlotte et Alexandre dansent encore au chant des grillons. L'orchestre a fini de jouer une heure plus tôt.

Allongée sur une balancelle, Amandine s'est blottie dans les bras de sa mère qui lui caresse les cheveux. Toutes deux observent les amoureux.

– Est-ce que Papa te manque ?

– Oui parfois… Je l'aimais très fort ton père, tu sais.

– Alors pourquoi vous vous êtes séparés ?

– Ah… si l'amour suffisait… Ce n'est pas si simple ma fille, tu en sais déjà quelque chose…

Charlotte les rejoint. La jeune mariée s'effondre sur la banquette alors qu'Amandine se redresse pour lui laisser une place.

– Ah, les filles, je suis vannée. Quelle journée !

– Ma petite Charlotte, tu as réussi ton coup ! Ce mariage est une réussite, tu as gagné tes galons de *wedding planner* écolo !

– Merci Corinne ! Alors on va proposer l'offre aux futurs mariés ?

– Bien évidemment ! Et tu auras le champ libre pour le proposer à tous nos clients pendant que je serai en déplacement.

– Eh bien… qui aurait cru que tu dirais ça l'année dernière quand on s'engueulait à propos des mégots… Comme quoi, on peut tous changer !

– Je dirais même plus : on peut TOUT changer, rit Corinne. Il suffit d'un petit coup de pouce du destin et de belles rencontres, n'est-ce pas ?

Merci Manuella d'être venue me chercher.
Sans toi, ce livre n'existerait probablement pas.
Merci pour tes conseils, ton écoute, ta bienveillance
et ton humour.

À vous qui m'avez donné la vie.
Vous êtes mes racines, mon socle, mon équilibre.
Merci de m'avoir élevée les pieds bien sur terre
et les yeux tournés vers le ciel.

À toi qui me connais si bien, parfois mieux que moi-même.
Tu es la sève qui donne du goût à ma vie.
Merci de me nourrir de ta présence bienveillante,
de ton écoute et de ton imprévisibilité.

À vous qui êtes mes rayons de soleil quotidiens.
En vous regardant pousser, je continue de grandir.
Merci de me régaler de votre joie de vivre,
vos facéties et votre gentillesse.
Vous êtes une source d'inspiration incroyable.

À vous toutes et tous qui semez des petites graines de conscience.
Vous m'aidez à garder confiance en la beauté de l'Humanité.
Un jour nous serons les plus nombreux, ne lâchez rien.
Merci pour tout ce que vous faites.